머리말

 여러분은 어떤 특이한 현상이나 신기한 것을 보고 호기심이 생긴 적이 있나요? 호기심을 해결하기 위해 어떻게 했나요? 아마 인터넷으로 검색해 보거나, 주변 사람에게 물어보며 답을 찾았을 거예요. 그렇다면 그 답은 어디서 온 것일까요?

 아주 오래전부터 여러분처럼 호기심을 가졌던 사람들이 있었어요. 그리고 그 사람들이 여러 실험과 경험을 통해 호기심에 대한 답을 찾아 놓았지요. 이렇게 쌓인 답들이 바로 지식이고, 이 지식들을 체계적으로 정리해 놓은 것이 과학입니다.

 여러분은 학교에서 교과서를 통해 과학을 배웁니다. 교과서에는 여러 가지 주제와 실험이 있어서 학생들이 체계적인 과학 정보를 얻을 수 있습니다. 하지만 정작 여러분이 정말 궁금해 하거나 호기심을 가진 것에 대한 답은 찾기 어려웠을 거예요. 교과서에는 여러분이 궁금한 것보다는, 어른들이 아이들 교육에 꼭 필요하다고 판단한 지식 위주로 구성되어 있으니까요.

 그래서 선생님은 여러분이 궁금증을 해결하고, 교과서와 관련된 과학적 내용도 배울 수 있도록 이 책을 썼어요. 이 책에는 '불꽃에는 그림자가 있을까?', '하루살이는 정말 하루만 살까?', '우주에는 어떤 냄새가 날까?' 등 우리가 한 번쯤 생각해 보았을 법한 재미있고 엉뚱한 질문이 담겨 있어요. 그리고 이 질문에 대한 답을 여러분이 충분히 이해할 수 있도록 자세하고 쉽게 써 놓았습니다.

여러분은 책을 읽고 질문을 해결하는 과정에서 자연스럽게 과학적 지식을 얻을 수 있을 거예요. 각 질문마다 초등학교 교과서와 연관된 부분의 학년과 학기를 표기해서, 교과서 어느 부분과 관련된 내용인지 한눈에 확인할 수 있도록 구성했습니다.

이뿐만이 아니에요. 여러분이 과학적 원리를 자연스레 깨닫고, 흥미를 가질 수 있도록 질문과 관련된 신기한 실험을 준비했어요. 보통 과학 교과서에 있는 실험은 집에서 하기 어렵거나 실험 도구를 구하기 어려운 경우가 많아요. 하지만 이 책에서는 일상에서 쉽게 구할 수 있는 것들로 준비물을 구성해 놓았어요. 그래서 여러분이 마음만 먹으면 어른의 도움을 받아 손쉽게 재미있는 실험을 할 수 있을 거예요.

책에 있는 글과 사진만 보면 이해가 안 될 것 같다고요? 실험하기 힘들 것 같다고요? 걱정하지 마세요. 여러분을 위해 책 한쪽에 실험 영상이 담긴 QR코드를 준비했어요. 핸드폰으로 QR코드를 찍기만 하면 실험 영상을 볼 수 있답니다.

여러분이 책을 한 장 한 장 넘길 때마다 재미있는 질문을 해결할 수 있을 뿐만 아니라, 과학적 시식도 쌓으며 유용한 시간을 보낼 수 있을 서예요. 이제 우리 함께 『교과서는 어렵지만 과학은 재밌어』를 통해 과학 세상으로 여행을 떠나 봅시다!

차례

물리

- 물에 젖지 않는 종이도 있을까요? **10**
- 나침반을 들고 북극에 가면 어떻게 될까요? **13**
- 목장에서 소에게 자석을 먹인다고요? **16**
- 공기에도 무게가 있을까요? **19**
- 나만 들을 수 있는 스피커가 있을까요? **22**
- 물고기도 소리를 낼 수 있을까요? **25**
- 불꽃에는 그림자가 없을까요? **28**
- 물은 투명한데 눈이 하얀 이유는 무엇일까요? **30**
- 철로 사이에 왜 틈이 있을까요? **33**
- 아이스크림을 튀겨 먹을 수도 있을까요? **36**
- 종이팩 콜라나 캔 우유가 없는 이유는 무엇일까요? **38**
- 영화처럼 높은 다리에서 물로 뛰어내려도 살 수 있을까요? **41**
- 자동차 사이드 미러에는 왜 경고 문구가 적혀 있을까요? **44**
- 나라별로 콘센트 모양이 다른 이유는 무엇일까요? **47**
- 왜 풍력 발전기 날개는 선풍기 날개와 생김새가 다를까요? **51**

화학

- 지폐는 무엇으로 만들었을까요? 56
- 액체 괴물은 고체일까요, 액체일까요? 59
- 코끼리 똥으로 종이를 만든다고요? 62
- 스스로 물을 모으며 살아가는 곤충이 있을까요? 64
- 젖은 책을 어떻게 해야 원래대로 되돌릴 수 있을까요? 67
- 물도 맛이 다를까요? 70
- 흙에 따라 색이 변하는 꽃이 있을까요? 72
- 게나 새우는 삶으면 왜 빨갛게 변할까요? 75
- 국회 의사당 지붕은 원래 무슨 색이었을까요? 77
- 건빵이나 비스킷에 구멍이 뚫려 있는 이유는 뭘까요? 80
- 식물도 스스로 불을 낼 수 있을까요? 83
- 종이를 냄비로 이용할 수 있을까요? 86
- 물속에서도 불꽃이 꺼지지 않게 할 수 있을까요? 88
- 짜장면을 먹은 뒤 왜 그릇에 국물이 많아질까요? 91
- 파인애플이나 키위를 먹고 이를 닦으면 왜 아플까요? 93

생물

- 하루살이는 정말 하루만 살까요? 98
- 새끼 캥거루가 주머니 안에서 똥을 싸면? 101
- 조금만 굶어도 죽는 동물이 있을까요? 104
- 아무것도 없던 웅덩이에 소금쟁이가 어떻게 나타났을까요? 107
- 꿀벌은 침을 쏘고 나면 왜 죽을까요? 110
- 나무늘보 털 속에 사는 생물이 있다고요? 113
- 눈이 없는 물고기도 있을까요? 116
- 병아리는 달걀노른자에서 생기는 걸까요? 118
- 살면서 성별이 바뀌는 동물도 있을까요? 121
- 돌처럼 보이려고 변신한 식물이 있다고요? 124
- 흰머리를 뽑으면 어떻게 될까요? 127
- 바나나는 왜 씨앗이 없을까요? 129
- 음악을 들려 주면 춤추는 식물이 있다고요? 132
- 고양이나 개도 혈액형이 있을까요? 136
- 어른은 어린이보다 뼈 개수가 많을까요? 138

지구과학

- 나무가 돌이 될 수도 있을까요? **142**
- 산에서도 소금이 나온다고요? **145**
- 화산 분화구에 쓰레기를 처리하면 안 될까요? **148**
- 물에 뜨는 돌도 있을까요? **151**
- 우주는 어떤 냄새가 날까요? **154**
- 우주에서는 용변을 어떻게 볼까요? **157**
- 화성에서도 살아남을 수 있는 생물이 있을까요? **160**
- 우주에서 생활하면 우리 몸은 어떻게 변할까요? **163**
- 태풍은 왜 여름에만 올까요? **166**
- 비행기를 타면 왜 귀가 아플까요? **169**
- 구름과 안개는 무슨 차이가 있을까요? **171**
- 밀물과 썰물은 왜 생기는 걸까요? **174**
- 지구에서는 달의 뒷면을 볼 수 없을까요? **177**
- 여름잠 자는 동물은 없을까요? **180**
- 왜 겨울에는 밤이 더 길까요? **183**

물리

- 물에 젖지 않는 종이도 있을까요?
- 나침반을 들고 북극에 가면 어떻게 될까요?
- 목장에서 소에게 자석을 먹인다고요?
- 공기에도 무게가 있을까요?
- 나만 들을 수 있는 스피커가 있을까요?
- 물고기도 소리를 낼 수 있을까요?
- 불꽃에는 그림자가 없을까요?
- 물은 투명한데 눈이 하얀 이유는 무엇일까요?

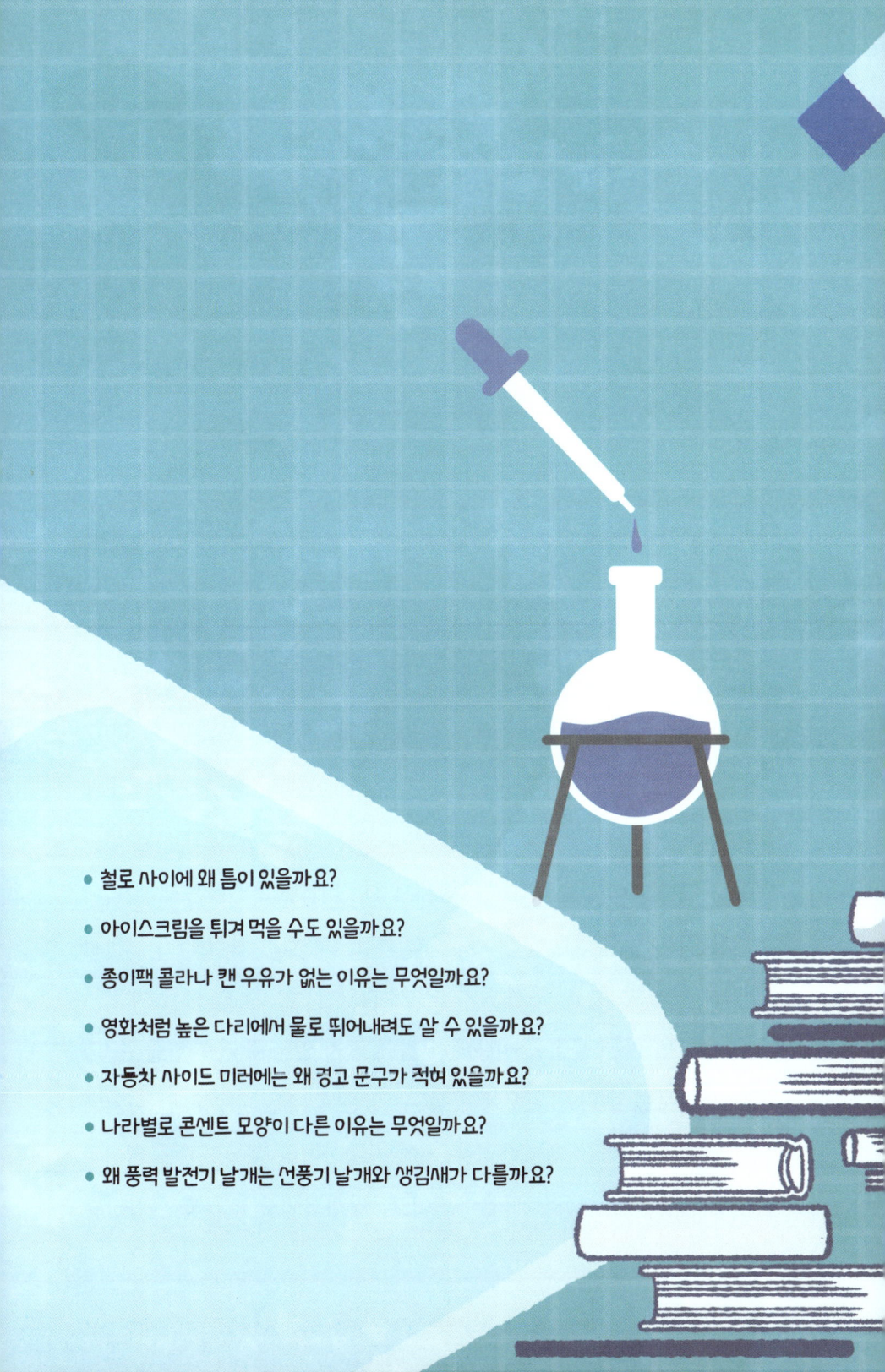

- 철로 사이에 왜 틈이 있을까요?
- 아이스크림을 튀겨 먹을 수도 있을까요?
- 종이팩 콜라나 캔 우유가 없는 이유는 무엇일까요?
- 영화처럼 높은 다리에서 물로 뛰어내려도 살 수 있을까요?
- 자동차 사이드 미러에는 왜 경고 문구가 적혀 있을까요?
- 나라별로 콘센트 모양이 다른 이유는 무엇일까요?
- 왜 풍력 발전기 날개는 선풍기 날개와 생김새가 다를까요?

3학년 1학기 물질의 성질

물에 젖지 않는 종이도 있을까요?

똑같은 물건인데 재료를 달리 해서 만드는 경우를 본 적이 있나요? 예를 들어 컵을 종이로 만들면 종이컵, 유리로 만들면 유리컵, 플라스틱으로 만들면 플라스틱 컵이 되지요. 같은 종류의 물건인데 왜 굳이 다른 물질로 만들까요? 그 이유는 물질마다 지닌 특성이 다르기 때문이에요. 종이컵은 가볍고, 쉽게 버릴 수 있어서 사람들이 부담 없이 사용할 수 있어요. 유리컵은 투명해서 컵 안에 무엇이 있는지, 얼마나 남았는지 바로 확인할 수 있어요. 또 플라스틱 컵은 여러 가지 모양과 색깔로 만들 수 있고, 무게도 가벼워서 다양한 용도로 쓸 수 있어요.

그렇다면 다른 물질을 이용해서 물에 젖지 않는 종이를 만들 수 있을까요? 보통 우리가 일상에서 볼 수 있는 종이는 나무로 만든 거예요. 반면에 '미네랄 페이퍼'라는 종이는 광산이나 채석장에서 버려지는 자투리 돌을 재활용해서 만들어요. 석회석에서 추출한 탄산칼슘에 폴리에틸렌이라는 물질을 추가한 뒤, 작게 잘라서 얇게 펼치면 미네랄 페이퍼가 완성됩니다. 나무가 아닌 돌로 만들어서 종이가 물에 젖더라도 부풀어 오르거나 구불구불해지지 않아요. 물에 약한 종이의 단점을 보완할 수 있지요.

　미네랄 페이퍼는 이런 방수 기능이 있어서 다양한 곳에 활용해요. 예를 들어 비가 내려도 젖지 않으므로 교통 안내 스티커로 사용하기도 하고, 과일 표면의 물기에도 젖지 않으므로 과일에 붙이는 스티커로도 사용해요. 이 외에도 방수 잡지, 방수 책, 방수 지도 등을 만들 때도 사용돼요.

　미네랄 페이퍼는 나무를 사용하지 않고 버려진 돌을 활용하므로 친환경적이라고 볼 수 있어요. 일반적으로 종이를 만들 때는 화학 물질을 넣어 하얗게 만들어야 하는데, 미네랄 페이퍼의 재료인 천연 돌가루는 원래 하얀색을 띠므로 이런 과정을 거칠 필요가 없지요. 또 미네랄 페이퍼는 일반 종이에 비해 잘 썩지 않지만, 땅에 묻고 1년만 지나면 유독 가스를 배출하지 않고 완전히 분해된다고 해요. 여러모로 장점이 많지요?

미네랄 페이퍼로 만든 스티커

더 알아보기

일반 종이와 방수 종이 차이 관찰하기

준비물 종이컵 2개, 물, 일반 종이, 라벨지

❶ 종이컵 2개에 똑같은 양의 물을 따라요.
❷ 일반 종이와 라벨지를 같은 크기로 자른 뒤, 각각 종이컵에 세워서 넣어요.
❸ 시간이 지나면서 종이에 물이 흡수되는 것을 관찰해요.

☑ 일반 종이는 물이 스며들어 흐물흐물해지고, 라벨지는 물을 잘 흡수하지 않아 빳빳한 모습을 오래 유지해요.

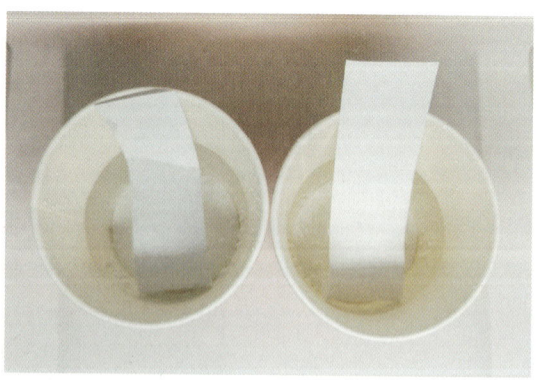

3학년 1학기 자석의 이용

나침반을 들고 북극에 가면 어떻게 될까요?

나침반의 붉은 바늘은 항상 북쪽을 가리키고 있어요. 그래서 우리는 나침반을 보고 방향을 찾을 수 있지요. 그런데 나침반을 들고 북극에 가면 나침반이 어떻게 될지 생각해 본 적 있나요?

사실 지구의 가장 북쪽 지점인 북극점과 나침반이 가리키는 북쪽 지점은 위치가 달라요. 그래서 사람들은 지구의 제일 북쪽 지점을 '북극점'이라고 부르고, 나침반이 가리키는 북쪽을 '자북극'이라고 불러 둘을 구분하지요. 따라서 우리가 나침반을 들고 북극점에 가더라도 붉은 바늘은 여전히 자북극을 가리키고 있을 거예요.

자북극이란 지구의 자기장이 수직을 이루며 아래쪽을 가리키는 지점이에요. 북극점은 사람이 정한 것이라서 위치가 고정되어 있지만, 자북극의 위치는 계속 변하고 있어요. 30년 전만 해도 1년에 약 15km 정도 이동했는데, 최근에는 1년에 약 50km 넘게 이동하고 있어요.

　자북극의 위치는 왜 계속 변하는 걸까요? 지구 내부 중심에는 핵이 있는데 외핵과 내핵으로 나눌 수 있어요. 외핵은 높은 열을 받아 철과 같은 금속이 액체 상태로 존재하고, 반면 내핵은 단단한 고체 상태로 이루어져 있어요. 아직 정확히 밝혀진 것은 아니지만, 외핵이 액체 상태로 움직이며 전류를 발생시켜서 자기장이 생긴다고 추측하고 있어요. 외핵의 움직임이 불규칙해서 지구 자기장의 방향이 조금씩 바뀌며, 자북극이 이동하는 것이지요.

　그렇다면 자북극으로 나침반을 가져가면 어떻게 될까요? 만약 바늘이 나침반에 고정되어 있지 않다면, 붉은 바늘이 땅바닥을 가리키면서 곧게 설 거예요. 지구의 자기장이 수직을 이루며 아래쪽을 향하고 있으니까요. 하지만 바늘 중심이 나침반에 고정되어 있어서 실제로 이런 현상을 관찰하기는 힘들어요. 아마도 나침반 바늘이 가만히 있지 못하고 이리저리 움직이다가 고장이 나고 말겠지요.

더 알아보기

자석과 나침반 비교하기

준비물 수조, 일회용 접시, 나침반, 막대자석

❶ 수조에 물을 넣고, 일회용 접시를 수조 위에 띄워요.
❷ 나침반을 놓고, 어느 쪽이 북쪽인지 확인해요.
❸ 일회용 접시 위에 막대자석을 올려놓고, 접시가 어떻게 움직이는지 관찰해요.

☑ 자기장이 동일하게 적용되므로, 막대자석의 N극이 가리키는 방향과 나침반의 붉은 바늘(북쪽)이 가리키는 방향이 똑같아요.

3학년 1학기 자석의 이용

목장에서 소에게 자석을 먹인다고요?

소가 풀을 뜯어 먹는 것을 본 적 있나요? 양, 염소, 사슴, 기린, 소 같은 초식 동물은 육식 동물에게 잡아 먹히지 않으려고 항상 주변을 경계해요. 그래서 먹이를 먹을 때 일단 주변의 풀을 허겁지겁 뜯어 먹어서 배를 채운 뒤, 안전한 곳으로 가서 되새김질하지요. 대표적인 초식 동물인 소는 위가 4개나 있어요. 이 4개의 위가 각각 저장, 발효, 분쇄, 소화의 역할을 나누어서 수행해요.

그런데 소가 급하게 풀을 뜯어서 삼키다 보면 풀만 아니라 주변에 떨어져 있는 못, 철사, 나사 같은 쇳조각을 함께 먹기도 해요. 만약 이 상태로 내버려 두면 어떻게 될까요?

쇳조각은 소의 위를 타고 안쪽으로 들어가요. 첫 번째 위에서 별 탈 없이 잘 통과하더라도 두 번째 위로 넘어갔을 때는 문제가 생겨요. 두 번째 위가 음식물을 넘기려고 할 때 쇳조각이 위를 관통해서 심장을 찌를 수도 있거든요. 운 좋게 넘어가더라도 세 번째 위나 네 번째 위가 움직일 때 장기에 박힐 가능성이 매우 커요. 만약 그런 일이 벌어지면 어떻게 될까요? 겉으로 보았을 때는 아무런 문제가 없어 보이겠지만, 내부 장기에서는 피가 나게 돼요. 그러다가 결국 소는 고통스러워하며 죽음을 맞이하고 말지요.

이런 일을 예방하기 위해 사람들은 자석을 이용해요. 소가 태어난 후 10~12개월쯤 되었을 때 끝이 날카롭지 않은 원통형의 막대자석을 먹여요. 이 자석은 무게가 무겁고, 위산에도 잘 녹지 않아요. 소가 삼킨 자석은 소의 첫 번째 위에 잠시 머물렀다가 두 번째 위로 이동해서 자리를 잡아요. 그러면 소가 쇳조각을 삼키더라도 두 번째 위에 있는 자석에 붙어요. 덕분에 소는 쇳조각을 먹더라도 내부 장기를 다치지 않고 잘 자랄 수 있지요.

더 알아보기

자석을 이용해 미로 탈출하기

준비물 도화지, 연필, 클립, 자석

❶ 도화지에 연필로 미로를 그려요.
❷ 미로 시작 부분에 클립을 올려놓아요.
❸ 도화지 밑에 자석을 가까이 대서 클립이 붙도록 만들어요.
❹ 자석을 이용해 클립을 조종하여 미로를 탈출해요.

3학년 2학기 물질의 상태

공기에도 무게가 있을까요?

공기에도 무게가 있을까요? 있다면 얼마나 무거울까요? 우리가 움직일 때 공기가 무겁다고 느끼지는 않는데 말이에요. 그러면 공기에 무게가 있는지 확인해 봅시다. 양팔 저울을 놓고 한쪽에는 바람이 없는 풍선을, 다른 한쪽에는 바람을 넣은 풍선을 놓고 무게를 재 보는 거예요. 그러면 바람을 넣은 풍선 쪽으로 저울이 기우는 것을 확인할 수 있어요. 공기에 무게가 있으니까 이런 현상이 일어나는 거랍니다.

그러면 왜 우리는 평상시에 공기의 무게를 느끼지 못하는 걸까요? 그 이유는 우리가 태어났을 때부터 공기의 무게에 적응해서 살아왔기 때문이에요. 우리의 몸을 짓누르는 공기의 힘에 맞추어서 몸 안쪽에서도 바깥쪽으로 미는 힘이 작용해요. 두 힘이 평형을 이루고 있어서 우리가 현재의 몸 형태를 유지할 수 있는 거지요. 이 글을 읽는 지금 이 순간에도 공기는 우리를 짓누르고 있어요.

여기서 하나 더 알려 줄게요. 공기는 사실 우리 눈에 보이지는 않지만 작은 알갱이로 이루어져 있어요. 풍선이 부풀어 오른 상태로 있는 까닭은 이 알갱이들이 풍선 안에서 계속 움직이기 때문이에요.

또 겉으로 보기에 풍선의 부피가 똑같다고 하더라도, 차가운 공기가 들어간 풍선이 따뜻한 공기가 들어간 풍선보다 더 무거워요. 그 이유는 똑같은 크기의 공간이 있을 때, 차가운 공기는 알갱이 사이의 거리가 좁아서 알갱이가 상대적으로 많이 들어갈 수 있어서지요. 반대로 따뜻한 공기는 알갱이 사이의 거리가 멀어서 같은 공간이라도 알갱이가 조금밖에 못 들어가요. 그래서 같은 부피일 경우, 차가운 공기가 따뜻한 공기보다 무거운 거랍니다.

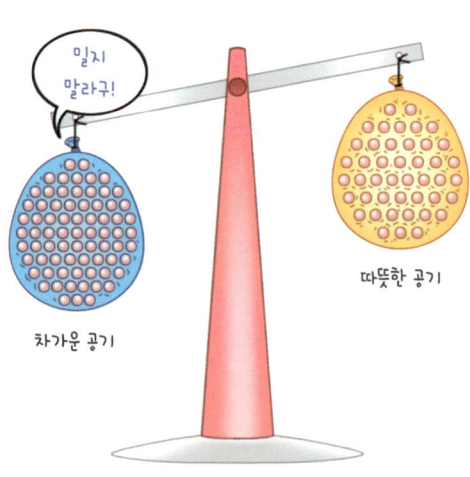

온도에 따른 공기의 밀도와 무게 차이

더 알아보기

공기의 무게 확인하기

준비물 막대, 줄, 풍선 2개

❶ 막대 가운데 부분을 줄로 묶어서 막대 저울처럼 만들어요.
❷ 똑같은 크기의 풍선 2개를 준비해서, 하나는 공기를 채워서 묶어요.
❸ 막대 저울의 한쪽에는 공기를 채운 풍선을, 한쪽은 그냥 풍선을 매달아요.
❹ 저울이 어느 쪽으로 기우는지 무게를 비교해요.

☑ 막대 저울이 공기를 채운 풍선 쪽으로 기울어졌어요. 이는 공기에도 무게가 존재한다는 것을 증명하지요.

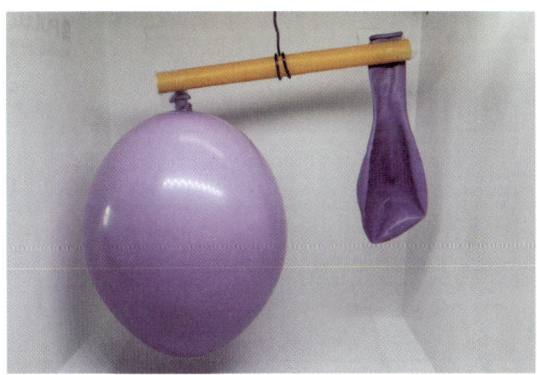

3학년 2학기 소리의 성질

나만 들을 수 있는 스피커가 있을까요?

가끔 지하철에서 큰 소리로 음악을 듣는 사람들을 본 적이 있을 거예요. 이처럼 텔레비전, 컴퓨터, 스마트폰 등 전자 기기에서 소리를 틀어 놓으면 주변에 있는 모든 사람이 듣게 돼요. 내게는 좋은 음악이나 알찬 정보가 담긴 소리일지 몰라도, 남에게는 소음이 될 수 있지요. 그런데 소리는 어떤 원리로 내 귀에 들리는 것이고, 또 소음을 막으려면 어떻게 하면 될까요?

소리는 파장이 귀청에 울려 들리는 거예요. 파도처럼 오르고 내리는 모양으로 퍼지는 것이지요. 소음을 막고 싶다면 울려 퍼지고 있는 소리의 파도 모양을 분석한 뒤

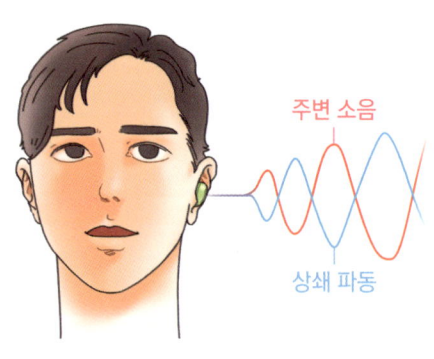

노이즈캔슬링의 원리

이와 정반대인 파도 모양의 소리를 동시에 틀면 돼요. 그러면 두 파도가 만났을 때 잠잠해지는 것처럼 소리를 없앨 수 있어요. 실제로는 두 곳에서 소리가 나고 있지만, 듣는 사람에게는 아무 소리가 들리지 않는 것이지요. 이런 원리를 적용해서 외부의 불필요한 소리를 제거하고, 원하는 소리만 들을 수 있도록 도와주는 헤드셋도 있어요.

그러면 헤드셋을 끼지 않고도 자신만 소리를 들을 수 있는 기계는 없을까요? 놀랍게도 시중에서 쉽게 구할 수 있어요. 바로 '초음파 스피커'예요. 다른 말로 '지향성 스피커'라고도 해요. 초음파는 1초 동안 진동하는 횟수가 다른 소리보다 많아요. 보통의 소리는 사방팔방으로 퍼지지만, 초음파는 진동하는 횟수가 높아서 직진하는 성질이 있어요. 그래서 스피커를 둘 때 방향을 본인에게 맞추기만 한다면 주변 사람들은 소리를 못 듣고, 자신만 들을 수 있어요.

지향성 스피커는 주변으로 소리가 퍼져 나가지 않는 장점이 있어서 버스 정류장 안내판, 횡단보도 스피커, 키오스크 등에 많이 활용돼요. 이뿐만 아니라 박물관, 전시장 등에서 특정한 위치에 서 있는 사람에게 정보를 전달하기 위한 용도로도 쓰인답니다.

키오스크

더 알아보기

소리의 진동 확인하기

준비물 깨, 스피커, 랩, 고무줄

① 스피커의 소리 나오는 부분을 랩으로 감싼 뒤, 고무줄로 고정해요.
② 랩 위에 깨를 올려놓아요.
③ 스피커에서 소리가 나오도록 해요.
④ 소리 크기를 높여, 깨가 어떻게 되는지 관찰해요.

✅ 소리의 파동에 따라 깨가 움직여요. 볼륨을 높이면 깨가 더 심하게 움직이는 것을 통해 파동의 크기를 확인할 수 있어요.

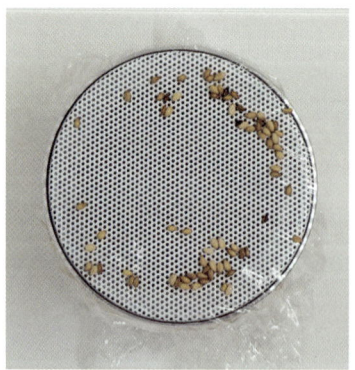
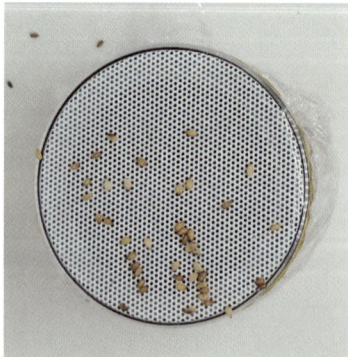

3학년 2학기 소리의 성질

물고기도 소리를 낼 수 있을까요?

우리는 의사소통을 하기 위해 목청을 울려 언어를 이용해 대화해요. 우리가 아는 동물들도 소리를 내면서 간단한 의사소통을 하지요. 예를 들어 새는 적이 다가오면 지저귀며 주변 동료들에게 위험을 알려요. 매미는 배 안의 얇은 막을 떨어 소리를 내면서 짝에게 자신의 위치를 알리지요. 개는 으르렁거리거나 멍멍 짖으면서 감정 상태를 표현해요.

그렇다면 물속에 사는 물고기는 어떨까요? 소리를 내지 못해서 조용히 지낼 것 같지만, 사실 물고기마다 다른 방식으로 의사소통을 해요. 물고기가 떠오르거나 가라앉는 것을 조절하는 '부레'라는 기관이 있는데 이것을 진동시켜서 소리를 내기도 하고, 일부 물고기는 이빨이나 뼈처럼 신체의 단단한 부위를 충돌시켜서 소리를 내기도 해요.

물고기가 소리를 내는 이유는 다양해요. 짝짓기를 하기 위해서, 자신의 영역을 지키기 위해서, 먹이를 찾기 위해서지요. 일부 물고기는 서로의 안부를 묻거나 동료가 무리에서 이탈하는 것을 막기 위해 소리를 내기도 해요.

 예를 들어 볼까요? 피라냐는 신경질이 났을 때 부레를 진동시켜서 상대에게 물러나라고 경고해요. 그런데도 상대와의 갈등이 심각해지면 빠른 북소리를 내요. 그래도 적이 물러나지 않으면 피라냐는 턱을 갈면서 더 큰 소리를 내요. 이것은 마치 사람이 이를 가는 소리와 비슷해요.

 물고기가 내는 소리는 우리나라 서해안 바다에서도 들을 수 있어요. 초여름에 대나무 통을 바닷물에 꽂으면 물속 소리를 들을 수 있는데, 뽁뽁 하는 소리가 들릴 거예요. 산란철을 맞이한 수컷 조기들이 암컷 조기를 유혹하기 위해 내는 소리지요.

 우리가 물속에서 생활하지 않고, 물고기가 내는 소리가 비교적 작아서 잘 몰랐을 뿐이지 물고기는 저마다 다른 방식으로 소리를 내며 산답니다.

더 알아보기

물속에서 스피커 찾기

준비물 수조, 쌀뜨물, 방수 블루투스 스피커, 빨대

① 쌀뜨물을 수조에 부어 안쪽이 잘 보이지 않도록 만들어요.
② 블루투스로 연결한 방수 스피커를 쌀뜨물 안에 넣어요.
③ 스피커에서 소리가 나도록 해요.
④ 빨대를 쌀뜨물 속에 넣어요. 그리고 빨대 끝에 귀를 대고 소리가 나는 곳을 찾아보아요.

4학년 2학기 그림자와 거울

불꽃에는 그림자가 없을까요?

    불꽃에 그림자가 있는지, 없는지 생각해 본 적이 있나요? 우선 그 전에 그림자가 생기는 이유를 알아봐야 해요. 그림자가 생기는 것은 빛이 직진하다가 물체를 만났을 때 통과하지 못하기 때문이에요. 물체의 뒷부분에 빛이 다다르지 못해 어두운 부분이 만들어지는 것이지요.

    만약 얼음 조각이나 크리스털 조각처럼 투명하다면 어떻게 될까요? 빛 대부분이 통과하겠지만 일부는 통과하지 못해요. 그래서 투명한 물체의 그림자는 연하고 흐릿하게 만들어져요.

    우리가 보는 불꽃은 물체가 아니에요. 그래서 빛을 비추면 대부분 그냥 통과해 버려서 어두워지는 부분이 생기지 않아요. 마치 유리에 빛을 비췄을 때와 비슷하지요. 그렇다고 해서 완전히 그림자가 생기지 않는 건 아니에요. 연소가 일어나면 연기 같은 물질이 생기므로 희

미하게라도 그림자가 만들어져요. 그래서 불꽃을 비추는 빛이 아주 강하다면 불꽃의 그림자를 확인할 수도 있지요.

하나 더, 빛은 공기 온도에 따라 굴절률이 달라지는 특성이 있어요. 그래서 여름철 뜨거운 아스팔트 위를 보면 빛이 굴절되면서 아지랑이처럼 어른거리는 것을 볼 수 있지요. 이와 마찬가지로 불꽃 주변도 뜨거우므로 빛이 주변을 통과하게 되면 굴절이 일어나요. 그래서 그림자가 어른거리는 것을 관찰할 수 있어요.

더 알아보기

불꽃 그림자 살펴보기

준비물 라이터, 흰 종이, 손전등

※ 위험할 수 있으므로 보호자와 함께 실험하세요.

① 어두운 곳에 들어간 뒤, 라이터를 향해 손전등을 비춰요.
② 라이터에 불을 붙여요.
③ 라이터 불꽃에 그림자가 생기는지 확인해요.

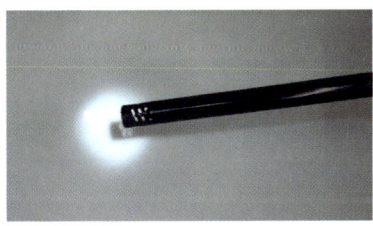

4학년 2학기 그림자와 거울

물은 투명한데 눈이 하얀 이유는 무엇일까요?

우리가 평소에 보는 물은 투명해요. 물을 얼려 만든 얼음도 투명하지요. 그런데 물이 얼어서 내리는 눈은 하얀색으로 보여요. 같은 얼음일 텐데 왜 이런 차이가 날까요?

물이 얼면 다양한 형태의 얼음 결정이 만들어져요. 항상 육각형 모양으로만 만들어지는 것이 아니라 주변 환경에 따라 육각기둥, 뾰족한 바늘 모양, 나뭇잎 모양 등 다양한 얼음 결정이 만들어져요. 이것들이 모여서 눈송이가 되는 것이지요.

이렇게 다양하고 복잡한 구조를 가진 얼음 결정에 빛을 비추면 어떻게 될까요? 매끄러운 물질에 빛을 쏘면 일정하게 굴절되거나 반사돼요. 반대로 표면이 매끄럽지 못하면 빛이 불규칙적으로 굴절되거나 반사되지요.

다양한 형태를 가진 얼음 결정이 모여 눈송이가 되었다면 빛을 불규칙적으로 반사할 수밖에 없어요. 특정 색만 반사하는 것이 아니라 모든 색을 반사하지요. 빛을 모두 합치면 하얀색이 되는 것을 알고 있지요? 얼음 결정이 모든 색을 반사하므로 우리에게는 이 빛이 합쳐져 하얀 눈으로 보이는 거예요.

우리는 일상에서 볼 수 있는 얼음에서 빛 반사의 원리를 찾아볼 수 있어요. 안쪽이 완전히 투명한 얼음과 안쪽이 하얀색으로 불투명한 얼음을 한 번쯤은 본 적이 있을 거예요. 물이 얼 때 얼음 내부에 미처 빠져나가지 못한 공기가 있다면, 안쪽의 공기층 표면이 불규칙한 형태를 띠지요. 그러면 빛의 모든 색을 반사하므로 내부가 하얀색으로 보여요. 반면에 물을 천천히 얼려서 공기가 충분히 빠져나갈 시간이 주어진다면, 순수하게 물만 얼어 내부에 불규칙한 면이 거의 없겠지요. 그러면 빛이 일정하게 굴절해서 얼음이 투명하게 보인답니다.

눈 결정

더 알아보기

얼음 내부의 색 다르게 얼리기

준비물 끓였다가 식힌 물, 물, 얼음 틀 2개, 지퍼백, 수건

❶ 얼음 틀 하나에는 끓였다가 식힌 물을, 다른 하나에는 그냥 물을 담고 각각 지퍼백에 넣어요.
❷ 끓였다가 식힌 물을 담은 것은 수건으로 감싸서 천천히 얼도록 만들어요.
❸ 물이 얼면 틀에서 얼음을 꺼내요.
❹ 각각의 얼음 색을 비교해요.

5학년 1학기 온도와 열

철로 사이에 왜 틈이 있을까요?

 기차를 타고 가다 보면 일정하게 덜컹거리는 소리를 들을 수 있을 거예요. 레일바이크를 탈 때나 철로가 있는 건널목을 건널 때 철로를 자세히 본 적이 있나요? 철로가 쭉 이어진 것이 아니라 도중에 틈새가 일정하게 있어요. 철로를 쭉 이어 붙이지 않고 왜 틈을 만든 걸까요?

 그 이유는 온도 때문이에요. 우리나라는 여름에는 덥고, 겨울에는 추워서 레일의 온도 차가 커요. 여름의 높은 온도에서는 철의 부피가

철로 간격   교량의 간격

33

늘어나 철로의 틈이 줄어들고, 겨울의 낮은 온도에서는 철의 부피가 줄어들면서 다시 간격이 벌어지지요.

만약 철길을 틈새 없이 만든다면 어떻게 될까요? 여름에 철이 열을 받아 늘어나면서 철길이 휘어 버릴 거예요. 그러면 기차가 달리다가 탈선하면서 사고가 일어나겠지요.

그렇다면 지하철에 있는 철로나 터널에 있는 철로는 틈새를 어떻게 만들어 놓았을까요? 지하나 터널에 있는 철로는 햇빛을 볼 일이 없어요. 바깥에 있는 철로보다 온도 변화가 심하지 않지요. 그래서 굳이 틈새를 만들지 않아요. 만약 틈새를 만든다고 하더라도 다른 곳에 비해 간격을 조금만 띄워요.

스코틀랜드의 포스교

철이 여름에 열을 받아서 부피가 팽창했다가, 겨울에 줄어드는 현상은 철로뿐만 아니라 다른 건축물에서도 볼 수 있어요. 철로 만든 프랑스의 에펠탑은 여름철에는 늘어났다가 겨울철에는 줄어들어요. 그 차이가 클 때는 무려 19cm나 된다고 해요. 스코틀랜드의 포스교라는 다리도 여름과 겨울의 길이가 최대 60cm 정도 차이가 나요.

더 알아보기

철사 길이 비교하기

준비물 철사, 자, 라이터, 장갑

※ 위험할 수 있으므로 보호자와 함께 실험하세요.

❶ 철사를 냉장고에 넣었다가, 1시간 후 꺼내서 길이를 재요.
❷ 이번에는 철사에 열을 가한 뒤 길이를 재요.
  철사를 장갑으로 잡고 라이터로 2~3분 정도 열을 가한 뒤, 얼른 바닥에 놓고 길이를 재요.
❸ 각각의 길이를 비교해요.

✅ 냉장고에 넣어 차게 한 철사보다 열을 가한 철사의 길이가 더 긴 것을 통해, 철은 온도에 따라 부피가 줄거나 팽창함을 알 수 있어요.

5학년 1학기 온도와 열

아이스크림을 튀겨 먹을 수도 있을까요?

다들 한 번쯤은 분식점에서 튀김을 먹어 봤을 거예요. 오징어, 새우, 김말이 등 다양한 튀김이 있지요. 그런데 혹시 아이스크림 튀김을 먹어 본 적이 있나요? 흔히 볼 수 있는 음식은 아니어서, 관광지 같은 곳에서 이색 음식으로 팔기도 해요. 겉은 바삭하지만 속은 아이스크림이 들어서 부드럽지요.

보통 우리가 먹는 튀김은 뜨거운 기름에 넣었다가 꺼내는 방식으로 만들어요. 그런데 차가운 아이스크림을 뜨거운 기름에 튀기는데 왜 녹지 않는 걸까요? 그 비법을 알기 위해서는 우선 아이스크림 튀김 만드는 과정을 살펴보아야 해요.

빵가루에는 탄산수소나트륨이라는 물질이 포함되어 있어요. 탄산수소나트륨은 열을 받으면 분해가 되는데 이 과정에서 이산화탄소가 생겨요.

아이스크림을 고온의 기름에 튀기는 순간 빵가루는 열을 받으면서 이산화탄소를 발생시키지요. 그리고 이렇게 발생한 이산화탄소는 아이스크림과 튀김옷 사이에서 기체

아이스크림 튀김

층을 형성해요. 기체층은 바깥에 있는 열이 아이스크림으로 전달되는 것을 막아요. 그 덕분에 아이스크림은 튀겨도 쉽게 녹지 않는 것이지요.

물론 시간이 지나면 기체층도 열을 받아서 뜨거워지고 결국에는 아이스크림도 녹아요. 그래서 아이스크림 튀김은 빨리 튀겨야 하고, 먹는 사람도 빨리 먹어야 해요. 느긋하게 먹는다면 안에 있는 아이스크림이 녹고 말겠지요?

더 알아보기

아이스크림 튀김 만들기

준비물 빵가루, 아이스크림, 밀가루, 달걀노른자, 물, 식용유, 프라이팬, 그릇

※ 위험할 수 있으므로 보호자와 함께 실험하세요.

❶ 빵가루를 아이스크림 겉에 묻히고, 냉동실에 넣어 얼려요.
❷ 그릇에 밀가루, 달걀노른자, 물을 잘 섞어요.
❸ 얼려 놓은 아이스크림을 꺼내 그릇에 담가 튀김옷을 입혀요.
❹ 끓는 식용유에 3~5초 정도 빠르게 튀겨요.
❺ 아이스크림 튀김을 먹어요.

5학년 1학기 온도와 열

종이팩 콜라나 캔 우유가 없는 이유는 무엇일까요?

보통 우유는 종이팩에, 콜라는 페트병이나 캔에 들어 있어요. 반대로 캔에 든 우유, 종이팩에 든 콜라는 없지요. 왜 그럴까요?

우선 우유가 종이팩에 담긴 이유부터 생각해 봅시다. 우유 안에는 풍부한 미네랄이 있어요. 그래서 캔 같은 금속 용기에 담으면 미네랄이 금속과 반응하면서 우유가 썩어요. 또 캔은 종이팩보다 열전도율이 높아요. 열을 빠르게 전달한다는 뜻이지요. 온도 변화가 크게 일어나면 단백질이 응고되거나 영양소가 파괴되면서 우유가 상해요. 그래서 우유를 캔에 담지 않고 종이팩이나 플라스틱 병에 담는 거예요. 다른 재질로 이루어진 통보다 우유와 반응이 적고, 열 전달도 적기 때문이지요.

그렇다면 종이팩에 든 콜라는 왜 없을까요? 컵에 콜라를 따르면 보글보글 기체가 올라오는 것이 보이지요? 그 이유는 콜라, 사이다, 탄산수 같은 탄산음료에는 기체가 들어 있어서, 음료가 담긴 용기 안쪽은 압력이 높아요. 탄산음료에 녹아 있는 기체가 계속 나오려고 하기 때문이지요. 따라서 이를 견딜 수 있는 재질인 플라스틱이나 캔을 사용해야 해요. 만약 종이팩을 사용한다면 압력을 견디지 못하고 부풀어 오르거나, 조금만 충격을 가해도 터지고 말 거예요. 그러면 탄산음료를 판매하는 사람들은 많은 손해를 보겠지요.

현재 우리가 마시는 음료의 통들은 내용물을 잘 보존하면서도, 회사 입장에서 가장 경제적인 재료로 만드는 거예요.

캔에 든 콜라

플라스틱 병에 든 우유

더 알아보기

열전도 비교하기

준비물 인덕션, 냄비, 물, 찜 받침, 쇠젓가락, 나무젓가락, 얼음 2개

※ 위험할 수 있으므로 보호자와 함께 실험하세요.

❶ 냄비에 물을 받고 찜기를 놓아요. 그리고 그 위에 쇠젓가락과 나무젓가락을 얹어요.
❷ 각각의 젓가락 위에 크기가 같은 얼음을 올려놓아요.
❸ 물을 끓이면서 어떤 젓가락 위에 있는 얼음이 많이 녹는지 관찰해요.

☑ 쇠젓가락 위의 얼음이 더 빨리 녹는 것을 통해, 쇠는 열전도율이 높다는 것을 알 수 있어요.

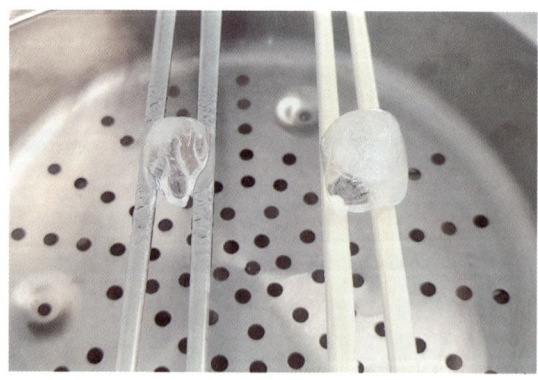

영화처럼 높은 다리에서 물로 뛰어내려도 살 수 있을까요?

액션 영화에서 주인공이 쫓아오는 적을 피하려고 높은 다리나 절벽에서 뛰어내리는 장면을 본 적 있나요? 이 위험천만한 상황에서도 주인공은 어김없이 살아 돌아오지요. 현실에서도 이렇게 높은 곳에서 물속으로 뛰어내리면 살 수 있을까요?

다이빙을 해서 수면에 떨어지는 순간 몸에 가해지는 충격은 상상을 뛰어넘을 정도로 커요. 15m 정도 높이에서 물을 향해 뛰어내렸을 때, 신체가 받는 충격은 아파트 5층 높이에서 떨어질 때의 충격과 비슷하다고 해요.

물을 향해 떨어질 때 닿는 면적이 넓으면 넓을수록 충격량도 커져요. 그래서 숙련된 다이빙 전문가들은 몸을 송곳처럼 만들어서 물과 닿는 면적을 최소화해서 다이빙하지요. 만약 일반 사람이 높은 곳에서 떨어진다면, 중심을 잃고 말아요. 아마도 몸 전체가 수면에 닿을 수밖에 없을 거예요. 그러면 그 충격을 온몸으로 받아 뼈가 부러지거나 내장이 파열될 수 있어요.

우리가 보통 올림픽 같은 대회에서 볼 수 있는 다이빙 높이는 최대 10m랍니다. 이보다 더 높은 곳에서 뛰어내리는 '하이다이빙'이라는 경기도 있긴 해요. 하지만 이 대회는 참가자들이 목숨을 잃을 수 있을 정도로 위험해요. 선수들이 27m 높이에서 다이빙을 하면 최소 시속 60km에서 최대 85km에 이르는 속도로 3초 만에 물로 떨어져요. 거의 자동차 속도로 떨어지는 거지요. 그 속도로 물에 닿는 순간, 우리 몸은 중력의 2~3배 힘을 받지요.

27m 높이에서 떨어져도 이렇게 위험한데, 하물며 엄청난 높이의 절벽이나 다리에서 떨어진다면 어떻게 될까요? 아무리 다이빙 전문가라도 살아남을 수 없을 거예요. 그러니 영화는 영화일 뿐, 따라 하지 마세요!

하이다이빙

더 알아보기

달걀 깨지지 않게 낙하시키기

준비물 달걀, 나무젓가락 6개, 고무줄 50개 이상, 테이프, 수조, 물

① 나무젓가락으로 삼각뿔 형태의 구조물을 만들어요. 이때 모서리 부분은 테이프로 고정해요.
② 달걀을 구조물 중심부에 넣고, 고무줄로 나무젓가락 부분을 감싸요.
③ 고무줄을 많이 감싸서 낙하 장치를 완성해요.
④ 낙하 장치를 물이 담긴 수조에 떨어뜨려요.
⑤ 달걀의 상태를 확인해요.

6학년 1학기 빛과 렌즈

자동차 사이드 미러에는 왜 경고 문구가 적혀 있을까요?

자동차 양옆에는 거울이 달려 있어요. 다른 차선으로 끼어들거나 주차를 할 때 옆 부분의 시야를 확보하기 위한 거울이지요. 이것을 사이드 미러라고 해요. 자동차의 사이드 미러에는 대부분 '사물이 실제 보이는 것보다 가까이 있음'이라는 경고 문구가 적혀 있어요. 왜 이런 경고 문구가 적혀 있는 것일까요?

그 이유를 알아보기 전에 우선 거울의 종류를 알아봅시다. 거울은 크게 평면거울, 오목 거울, 볼록 거울로 나눌 수 있어요.

평면거울을 바라보면 물체의 모습이 좌우가 바뀌어 보이지만, 그 외에는 있는 그대로의 모습을 보여줘요. 그래서 집, 옷가게 등에서 주로 사용해요.

오목 거울을 바라보면 가까이 있는 물체를 실제보다 크게 보여주고, 멀리 있는 물체는 거꾸로 뒤집힌 상태로 보여줘요. 그래서 치과 의사는 환자의 입 안을 살필 때 오목 거울을 사용해요. 입 안이 크게 확대되어 보이거든요. 또한 오목 거울은 빛을 하나의 초점으로 모아 주어서 물체를 더 밝게 보여 줘요. 그래서 손전등, 현미경 등에 사용해요.

반대로 볼록 거울을 이용하면 보다 넓은 범위를 볼 수 있어요. 그래서 곡선으로 휘어지거나, 옆이 보이지 않는 길모퉁이에 볼록 거울을 설치해요. 그 덕분에 운전자가 넓은 시야를 확보할 수 있지요.

다시 우리 질문으로 돌아가 볼까요? 자동차 사이드 미러는 볼록 거울로 만들어요. 운전자의 시야를 넓혀 주기 위해서지요. 덕분에 옆 차선으로 끼어들 때나 주차할 때 사각지대를 최대한 줄일 수 있어요. 대신, 사람이나 자동차가 가까이 오더라도 실제보다 작게 보이므로 멀리 떨어져 있다고 착각하고 무리하게 차선을 끼어들다가 사고 나는 경우가 있지요. 이런 사고를 방지하고자 사이드 미러에 '사물이 실제 보이는 것보다 가까이 있음'이라는 경고 문구가 있는 거예요.

자동차의 사이드 미러

더 알아보기

오목 거울, 볼록 거울에 비치는 모습

준비물 쇠숟가락, 종이, 연필

① 종이에 숫자를 쓰거나 그림을 그려요.
② 쇠숟가락의 오목하게 들어간 면에 종이를 가까이 가져갔다가, 멀리 떨어뜨리기를 반복하며 숟가락에 비친 모양을 관찰해요.
③ 쇠숟가락의 볼록하게 나온 면에 종이를 가까이 가져갔다가, 멀리 떨어뜨리기를 반복하며 숟가락에 비친 모양을 관찰해요.

☑ 숟가락의 오목한 부분은 오목 거울, 볼록한 부분은 볼록 거울의 역할을 하지요. 오목한 부분에 이미지를 가까이 대면 이미지가 훨씬 크게 보여요. 반대로 볼록한 부분에는 이미지를 가까이 대도 이미지가 원래보다 작게 보여요.

오목 거울

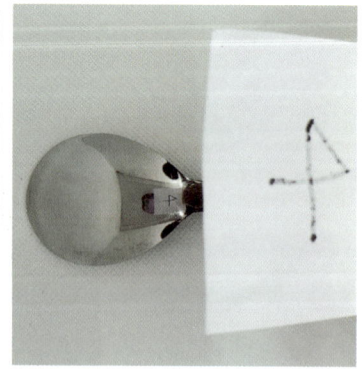
볼록 거울

나라별로 콘센트 모양이 다른 이유는 무엇일까요?

19세기 말, 전기가 가정에 본격적으로 도입되기 시작하고 20세기에 들어서자 전기 제품이 늘어났어요. 이때 전기 제품을 만드는 사람들은 각자 다른 모양의 플러그와 콘센트를 만들었어요. 그때만 해도 해외를 돌아다니는 사람이 많지 않아서 각 나라들이 콘센트 모양을 통일할 이유가 없었어요. 게다가 옛날에는 전기 제품 크기가 워낙 크고 무거워서 다른 곳에 가져갈 일도 별로 없었고요.

시간이 흐르자 전기 제품이 작고 가벼워졌고, 국가 간의 교류가 활발해졌어요. 그러다 보니 사람들이 플러그와 콘센트를 통일할 필요성을 느꼈어요. 그래서 사람들은 1906년 영국 런던에 IEC(국제전기기술위원회)라는 기구를 만들고 플러그와 콘센트의 통일된 규격을 정하기 위해 노력했어요. 하지만 제1차 세계 대전, 제2차 세계 대전이 연이어 터지면서 이 논의는 중단되고 말았어요.

1950년대, 논의를 다시 시작할 수 있었지만 이미 각 나라에 서로 다른 플러그와 콘센트가 설치된 뒤였어요. 1970년대에 IEC(국제전기 기술위원회)에서 국제 표준이 되는 플러그를 발표했지만, 이미 사용하고 있는 콘센트를 나라에서 모두 바꾸는 게 쉬운 일이 아니었기에 이를 따르는 나라는 많지 않았어요.

우리나라는 옛날에 일본의 식민지 지배를 받았고, 독립 이후에는 미국의 신탁 통치를 받았어요. 그래서 두 나라의 영향을 받아 콘센트 구멍이 11자 모양인 110V 콘센트를 사용했지요. 현재 일본은 100V, 미국은 120V를 쓰지만, 둘 다 콘센트 구멍이 11자 모양이에요. 우리나라는 1970년대까지만 하더라도 발전소가 부족해서 전력이 충분하지 않았어요. 그래서 1973년, 정부는 안정적이고 경제성 있는 전력 공급을 위해 가정용 전력 전압을 110V에서 220V로 높이는 사업을 추

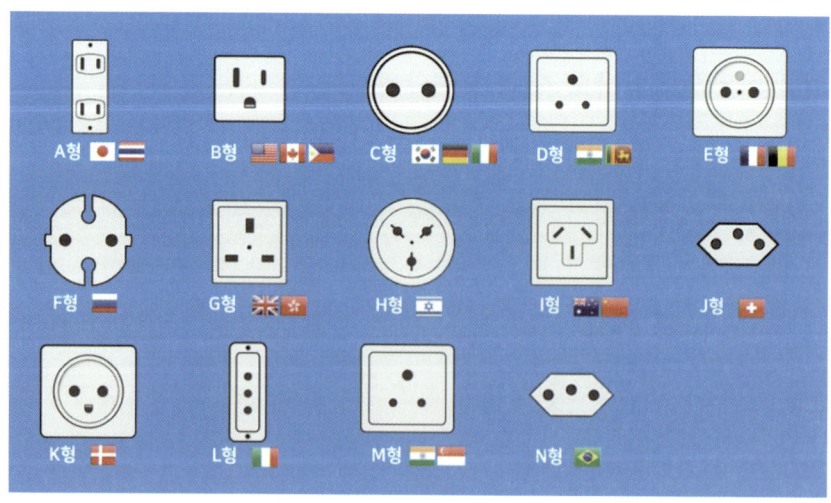

주요 국가별 전기 콘센트

진했어요. 전압을 높이면 전류를 더 많이 보낼 수 있어서 전력 손실을 줄일 수 있기 때문이었지요. 이렇게 전압을 높이면서 안전성을 위해서 동그란 모양의 콘센트를 사용하게 되었어요.

현재 우리나라 대부분의 가정에서는 콘센트 규격이 220V로 통일되어 있어요. 참고로 IEC(국제전기기술위원회)에서는 나라별 콘센트를 총 14개 타입으로 나누고 있어요. 정말 다양하지요?

더 알아보기

다 쓴 건전지 확인하기

준비물 새 건전지, 다 쓴 건전지

❶ 새 건전지와 다 쓴 건전지를 준비해요.
❷ 두 건전지를 평평한 바닥 위 3~5cm 정도에서 세로로 떨어뜨려요.
❸ 여러 번 떨어뜨리며 건전지가 튀어 오르는지 그대로 서는지 관찰해요.

☑ 다 쓴 건전지는 내부에 가스가 생긴 상태라 가벼워요. 그래서 바닥에 부딪혔을 때 튀어 올랐다 쓰러져요. 반면에 새 건전지는 묵직하기 때문에 똑바로 서는 거예요.

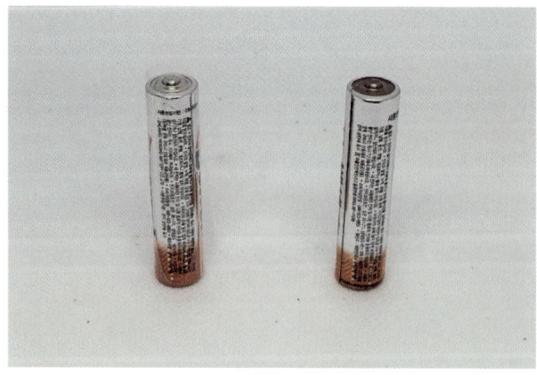

6학년 2학기 에너지와 생활

왜 풍력 발전기 날개는 선풍기 날개와 생김새가 다를까요?

풍력 발전기를 본 적 있나요? 풍력 발전기는 바람이 많이 부는 곳에 지어야 하고, 크게 만들어야 하므로 보통 도시가 아닌 외곽 지역에 지어요. 풍력 발전기는 바람으로부터 발생하는 에너지를 전기 에너지로 바꾸는 역할을 하지요.

보통 선풍기 날개는 면적이 넓어요. 하지만 풍력 발전기는 끝으로 갈수록 좁아지는 모양을 갖고 있지요. 왜 그런 걸까요?

풍력 발전기

선풍기처럼 날개를 넓게 만들면 강한 바람에 부러질 위험이 있어요. 그래서 날개 끝을 좁게 만들어서 바람을 잘 흘려보내도록 한 것이지요. 대신 크기를 크게 만들어서 발전량을 늘리는 방식을 선택한 거예요.

그런데 풍력 발전기 날개는 왜 3개뿐인 걸까요? 그 이유는 날개 수가 4개, 5개로 늘어나면 바람을 받는 면적과 힘을 늘릴 수는 있지만, 그만큼 날개 무게가 증가하기 때문이지요. 50m 날개 하나당 10톤이나 하니 날개 수가 늘어나면 무게 때문에 풍력 발전기의 효율성이 떨어져요. 그리고 날개가 많아지면 기둥이 무게를 버티기 어려워서 바람이 강하게 불면 쓰러질 수도 있지요.

그러면 반대로 풍력 발전기 날개를 2개로 줄여도 괜찮지 않을까요? 사실 2개 사용했을 때와 3개 사용했을 때 발전 효율은 큰 차이가 없다고 해요. 하지만 날개가 3개일 때 균형적이고 안정성이 더 높으므로, 일반적으로는 날개 3개를 사용해요.

스페인의 한 기업에서는 날개 없는 풍력 발전기를 만들기도 했어요. 원기둥 안에 탄성이 있는 실린더를 수직으로 고정시키는 방식인데, 바람이 불면 실린더가 진동하며 전기를 생산한다고 해요. 나중에 기술이 더 발전해서 효율성이 좋아지면 많은 곳에서 사용되겠지요.

더 알아보기

바람개비 만들기

준비물 색종이, 압정, 수수깡

❶ 색종이가 똑같은 삼각형 모양으로 4등분 될 수 있도록, 접었다가 펼쳐 선을 만들어요.
❷ 색종이에 생긴 선을 따라 오려요. 이때 중심에서 1cm 정도는 오리지 말고 남겨요.
❸ 네 모서리의 뾰족한 부분을 한 방향으로 구부려 가운데에 붙여요.
❹ 가운데 부분을 수수깡에 대고 압정을 꽂아 고정해요.
❺ 완성된 바람개비를 바람을 이용해 돌려요.

화학

- 지폐는 무엇으로 만들었을까요?
- 액체 괴물은 고체일까요, 액체일까요?
- 코끼리 똥으로 종이를 만든다고요?
- 스스로 물을 모으며 살아가는 곤충이 있을까요?
- 젖은 책을 어떻게 해야 원래대로 되돌릴 수 있을까요?
- 물도 맛이 다를까요?
- 흙에 따라 색이 변하는 꽃이 있을까요?
- 게나 새우는 삶으면 왜 빨갛게 변할까요?

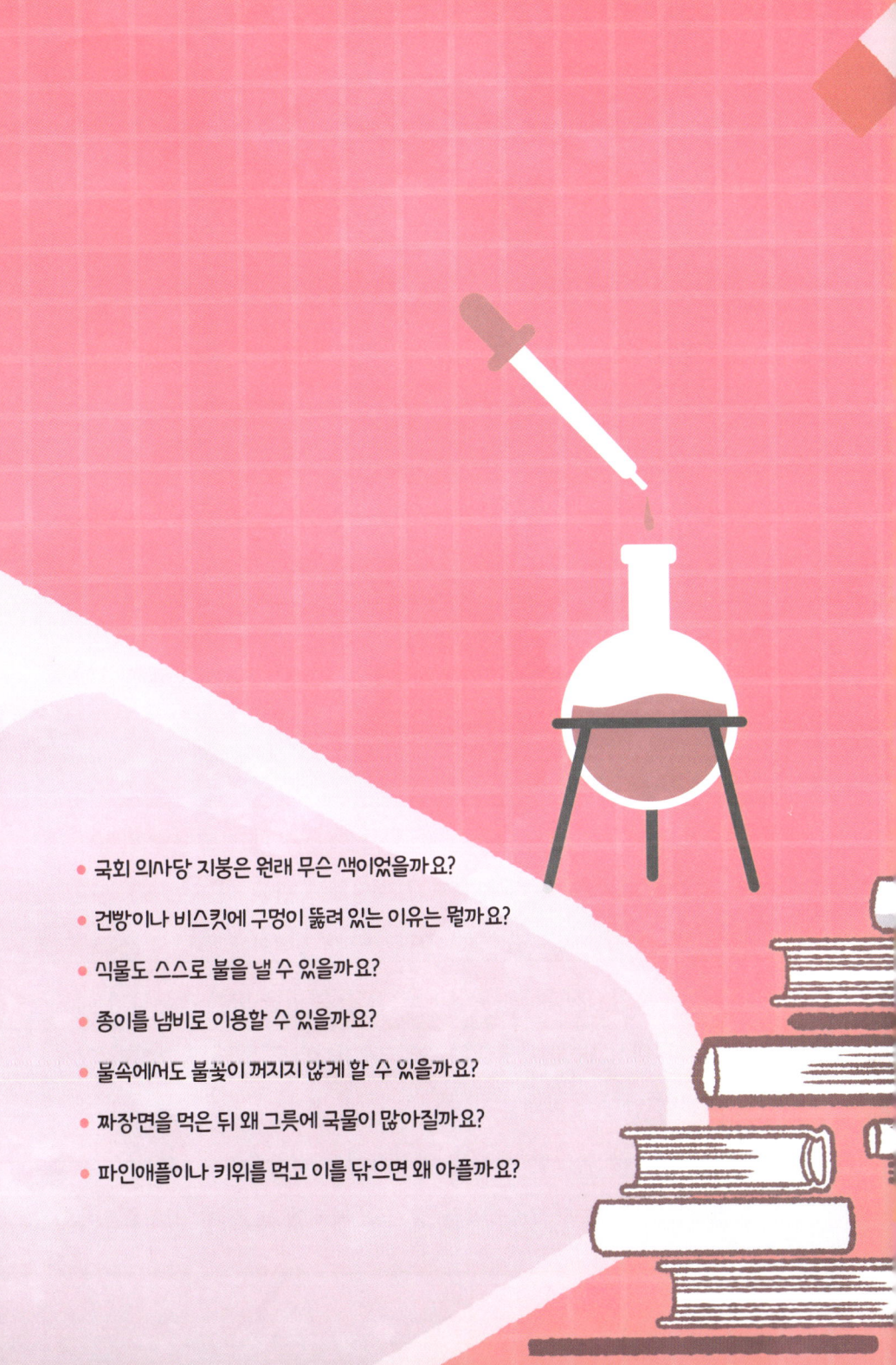

- 국회 의사당 지붕은 원래 무슨 색이었을까요?
- 건빵이나 비스킷에 구멍이 뚫려 있는 이유는 뭘까요?
- 식물도 스스로 불을 낼 수 있을까요?
- 종이를 냄비로 이용할 수 있을까요?
- 물속에서도 불꽃이 꺼지지 않게 할 수 있을까요?
- 짜장면을 먹은 뒤 왜 그릇에 국물이 많아질까요?
- 파인애플이나 키위를 먹고 이를 닦으면 왜 아플까요?

3학년 1학기 물질의 성질

지폐는 무엇으로 만들었을까요?

　물건을 살 때, 음식을 사 먹을 때, 서비스를 받을 때 우리는 화폐를 이용해요. 최근에는 카드를 많이 사용하지만, 지폐도 여전히 사용하지요.

　우리나라 지폐는 무엇으로 만들었을까요? 당연히 종이라고 생각하겠지만, 사실 면으로 만들었어요. 옷 만들 때 사용하는 면섬유 말이에요. 섬유 공장에서 나오는 솜 찌꺼기로 지폐를 만든 거지요. 왜 종이가 아닌 면을 사용한 걸까요? 그 이유는 일반 종이와는 다르게 땀이나 물기에 쉽게 찢어지지 않고, 약품에도 견딜 수 있을 만큼 튼튼하기 때문이에요. 그래서 많은 사람들의 손을 거치더라도 쉽게 망가지지 않지요. 이뿐만 아니라 지폐를 면으로 만들면 세밀한 것을 인쇄하기 쉬워요. 홀로그램과 특수한 색소를 입히기에도 적합하지요. 덕분에 위조나 변조를 방지할 수 있는 여러 장치를 지폐에 넣을 수 있어요. 이렇게 종이로 지폐를 만드는 것보다 이점이 많아요.

　우리나라 지폐는 매우 튼튼해서 지폐를 접었다 펴는 것을 5500회 정도까지 견딜 수 있다고 해요. 참고로 미국에서 사용하는 달러는 4400회, 일본에서 사용하는 엔화는 1500회까지 견딜 수 있다고 해요. 일반 종이는 250회 정도까지 버틸 수 있고요.

　그렇다면 다른 나라도 지폐를 만들 때 면을 쓸까요? 호주, 뉴질랜드, 캐나다, 영국 등 약 47여 개 나라에서는 플라스틱 소재인 폴리프로필렌이라는 물질을 이용해 만든 '폴리머 지폐'를 사용해요. 종이나 면섬유보다 가벼운 소재이고, 세탁기에 넣고 돌리더라도 찢어지지 않아요. 게다가 물기를 거의 흡수하지 않아서 지폐가 오염되었을 경우, 물로 씻어서 다시 사용할 수 있어요. 점점 많은 나라들이 이런 재질의 지폐로 바꿔가고 있어요. 다만 면이나 종이로 이루어진 지폐보다 만드는 비용이 더 나간다는 단점이 있어서 아직 우리나라를 포함한 몇몇 나라는 폴리머 지폐로 바꾸지 않고 있지요.

폴리머 지폐

더 알아보기

면 지폐와 종이 지폐 비교하기

준비물 면, 종이, 사인펜, 물

❶ 크기가 똑같은 면과 종이를 준비한 뒤, 돈 그림을 그려요.
❷ 면으로 만든 돈과 종이로 만든 돈을 물에 담갔다 꺼내요.
❸ 면으로 만든 돈과 종이로 만든 돈을 잡아 당겨요.

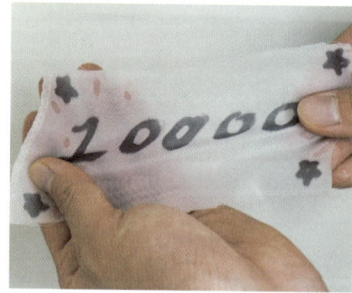 

3학년 2학기 물질의 상태

액체 괴물은 고체일까요, 액체일까요?

물질의 상태에는 고체, 액체, 기체가 있어요. 고체는 담는 그릇이 바뀌어도 모양과 부피가 일정한 상태를 유지해요. 액체는 담는 그릇에 따라 모양은 변하지만, 부피는 변하지 않아요. 기체는 담는 그릇에 따라 모양과 부피가 모두 변해요. 이렇게 고체, 액체, 기체는 저마다 다른 특징을 갖고 있지요.

그런데 끈적이는 액체 괴물이나 슬라임은 고체일까요? 액체일까요?

슬라임 　　　　　　　치약

우선 정답부터 밝히자면 이런 것들은 고체도 아니고, 액체도 아니에요.

사람들은 보통 분자 사이의 거리와 응집력에 따라서 고체, 액체, 기체를 분류해요. 하지만 자세히 생각해보면 우리가 일상생활에서 보게 되는 물질 중 단순하게 고체, 액체, 기체로 나눌 수 없는 것이 꽤 많아요. 예를 들어 치약, 젤리 등은 고체로 분류하기도, 액체로 분류하기도 애매하지요.

이런 물질을 통틀어 콜로이드라고 불러요. 굉장히 작은 물질의 입자(지름 1~1000나노미터)가 다른 물질 속에 분산된 상태를 뜻하지요. 콜로이드도 자세히 살펴보면 다양하게 분류할 수 있어요. 우선 액체가 액체에 분산되어 있는 콜로이드는 '에멀젼'이라고 부르는데 대표적인 예로는 케첩, 마요네즈, 로션이 있어요. 그리고 액체에 고체가 분산되어 있는 콜로이드는 '졸'이라고 부르며 대표적인 예로는 혈액이 있지요.

마요네즈(에멀젼)

스프레이(에어로졸)

마지막으로 기체에 액체나 고체가 분산되어 있는 콜로이드는 '에어로졸'이라고 부르며 대표적인 예로는 안개, 구름, 모기 스프레이가 있어요. 정말 복잡하지요? 학교에서 이런 어려운 용어를 배우지 않으니까 외울 필요는 없어요. 그냥 액체 괴물이나 슬라임은 고체도, 액체도 아닌 콜로이드 상태라는 것만 알면 돼요.

더 알아보기

슬라임 만들기

준비물 렌즈 세척 용액, 물풀, 베이킹 소다, 뜨거운 물

❶ 용기에 물풀 100㎖와 베이킹 소다 세 숟가락을 넣은 후, 뜨거운 물 100㎖를 붓고 섞어요.
❷ ❶의 액체에 렌즈 세척 용액을 조금씩 부으며 내용물이 굳는 것을 확인해요.
❸ 내용물을 젓다가 적당한 굳기가 되면 손으로 갖고 놀아요.

4학년 1학기 혼합물의 분리

코끼리 똥으로 종이를 만든다고요?

스리랑카와 케냐에는 많은 코끼리가 살아요. 그러다 보니 코끼리 똥이 많이 쌓일 수밖에 없지요. 사람들은 코끼리 똥을 어떻게 처리할까 고민하던 중, 기가 막힌 방법을 생각해 냈어요. 바로 코끼리 똥으로 종이를 만드는 것이었지요.

코끼리 한 마리가 180kg 정도의 먹이를 먹으면 하루에 16번 정도 똥을 싸요. 그 양이 무려 50kg 정도나 되고요. 게다가 코끼리는 소화 능력이 약해서 종이의 원료가 되는 물질인 섬유질 10kg이 거의 그대로 똥으로 나와요. 이 양은 A4 종이 약 660장을 만들 수 있는 양으로, 대략 계산하면 1년 동안 약 24만 장의 종이를 만들 수 있는 거예요. 30년생 나무 240그루를 베어 내야 만들 수 있는 종이의 양이지요.

그런데 도대체 어떤 방법으로 코끼리 똥을 종이로 만들 수 있는 걸까요? 바로 혼합물의 분리 과정을 이용하는 거예요. 먼저 코끼리 똥을 모아서 깨끗이 씻어요. 그리고 다섯 시간 동안 끓이면서 세균을 없애요. 그 후에는 체를 이용해 종이의 원료가 되는 물질을 분리해 내요. 이게 혼합물의 분리 과정이지요. 그 후 색소를 섞은 다음 물기를 빼고 여러 날 동안 말려요. 그러면 종이가 완성되지요. 혼합물의 분리 과정을 이용해 똥을 종이로 만들 수 있다니 참 신기하지요?

혼합물의 분리 과정을 활용하는 경우는 코끼리 똥으로 종이를 만드는 것 이외에도 여러 곳에서 찾을 수 있어요. 그중 가장 대표적인 예는 석유의 분리예요. 원유를 수입해 오면, 분별 증류탑에서 펄펄 끓여요. 그리고 끓는점의 차이에 따라 휘발유, 경유, 등유, 가스 등으로 분리해요. 이 여러 종류의 기름은 저마다 필요한 분야에 활용돼요. 심지어 마지막에 남은 찌꺼기조차도 차가 다니는 길을 포장하는 아스팔트에 사용되지요.

더 알아보기

쌀과 설탕 분리하기

준비물 쌀, 설탕, 체

❶ 쌀과 설탕을 섞어요.
❷ 그릇을 밑에 받치고 체 위에 쌀과 설탕 혼합물을 부어요.
❸ 체를 흔들어서 쌀과 설탕을 분리해요.

4학년 2학기 물의 여행

스스로 물을 모으며 살아가는 곤충이 있을까요?

우리나라 연평균 강수량은 약 1,200㎜예요. 그런데 아프리카 남서쪽에 있는 나미브 사막은 연평균 강수량이 50㎜도 되지 않아요. 심지어 1년 동안 비 한 방울 내리지 않을 때도 많아요. 이렇게 수분이 부족하고 척박한 곳에 사는 곤충은 어떻게 물을 마시고 살까요?

나미브 사막 서쪽에는 바다가 있는데 벵겔라 해류라는 차가운 해류가 지나고 있어요. 1년에 수십 번 대서양 쪽에서 바람이 불어오는데, 이 바람이 벵겔라 해류를 만나면 차가워져요. 이때 수증기 일부가 물방울로 변하면서 안개가 생겨요. 안개는 나미브 사막을 덮고 있다가 해가 뜨면 태양열 때문에 금세 사라져 버려요. 비록 짧은 순간이긴 하지만, 나미브 사막은 비가 거의 내리지 않는 지역이므로 이 안개가 수분을 공급하는 엄청 중요한 역할을 해요.

나미브 사막에는 '나미브사막거저리'라는 딱정벌레가 살고 있어요.

나미브사막거저리

크기가 어른의 엄지손톱만 한 이 곤충은 등껍질에 울퉁불퉁한 돌기가 군데군데 나 있어요. 나미브사막거저리는 태양이 뜨기 전, 집에서 나와 300m나 되는 모래 언덕 정상을 향해 올라가요. 정상에 다다르면 물구나무를 선 것처럼 고개를 숙이고 몸의 뒷부분을 들어 올려요. 그리고 안개가 몰려오는 방향으로 몸을 세우고 기다리지요. 잠시 뒤, 안개가 내리면 나미브사막저거리의 등껍질 돌기 끝부분에 이슬이 맺히게 돼요. 이렇게 모인 물은 어떻게 되냐고요?

다육 식물

나미브사막거저리의 몸체 대부분은 물을 흡수하지 않는 물질로 이루어져 있어요. 그래서 물은 등을 타고 흐르다가 나미브사막거저리의 입에 다다르게 되지요. 이런 힘든 과정을 거치고 나서야 나미브사막거저리는 물을 마실 수 있는 거예요.

더 알아보기

안개 포집 장치 만들기

준비물 종이컵, 가습기, 나무젓가락 3개, 양파망, 테이프, 도화지

❶ 종이에 나무젓가락 2개를 세워 고정한 뒤, 그 사이에 종이컵을 놓아요.
❷ 나무젓가락 하나를 양파망 입구에 꿴 다음 ❶에서 만든 지지대에 올려 고정해요. 양파망 아랫부분은 종이컵 안으로 넣어 두어요.
❸ 가습기를 틀고, 나오는 수증기가 양파망에 닿을 수 있도록 고정해요.
❹ 종이컵에 모인 물을 살펴보아요.

안개 포집 장치

4학년 2학기 물의 상태 변화

젖은 책을 어떻게 해야 원래대로 되돌릴 수 있을까요?

비 내리는 날 가방에 빗물이 떨어져 가방 속 교과서가 젖은 경험이 있나요? 아니면 책 위에 물을 쏟은 경험은요? 아마 이런 일을 겪으면, 책을 원래대로 되돌리기 위해 그냥 햇볕에 놓거나, 헤어드라이어를 이용해 말리는 경우가 대부분일 거예요. 하지만 이렇게 하면 물기를 없앨 수는 있어도 책의 쭈글쭈글한 상태는 사라지지 않을 거예요. 책을 원래 상태로 되돌릴 방법은 없는 걸까요?

새 책처럼 완벽히 되돌릴 수는 없겠지만, 쭈글쭈글해진 종이를 어느 정도 다시 빳빳하게 만들 방법은 있어요. 물기를 바짝 말린 후에, 냉장고의 냉동실에 넣는 거예요. 종이를 얼리는 거지요. 황당하다고요?

종이는 나무의 섬유질로 만들어요. 종이를 현미경으로 확대해서 살펴보면 많은 섬유질이 엉킨 상태로 구성되어 있다는 것을 알 수 있지요. 그런데 종이가 물을 머금으면 섬유질의 배열이 흐트러지면서 쭈글쭈글하게 변하는 거예요. 하지만 물기를 어느 정도 말린 후, 책을 냉동실에 넣으면 섬유질 사이에 있던 미세한 물이 얼면서 부피가 팽창해요. 그러면 흐트러졌던 섬유질들이 배열되면서 종이는 다시 빳빳해지는 거지요.

보통의 액체 물질은 고체가 되면 부피가 줄어들어요. 하지만 물은 얼음이 되면 부피가 팽창해요. 그 이유는 물이 얼음으로 변할 때 수소 결합으로 인해 물 분자 사이에 육각형의 공간이 생기기 때문이에요. 그래서 빈 공간이 늘어나면서 부피가 팽창하는 거지요. 이러한 원리를 이용해 물에 젖었던 종이를 원래 상태와 비슷하게 되돌릴 수 있는 거예요.

그러니 만약 책이 물에 젖었다면 충분히 말린 후, 하루에서 일주일 정도 냉동실에 보관하세요. 물기가 어느 정도 사라지고 책이 원래 상태로 되돌아간 것 같다면 밖으로 꺼내세요. 이때 책장을 바로 넘기면 안 됩니다. 서로 붙어 있다가 찢어질 수 있거든요. 주변에 붙은 얼음이나 물기를 제거한 뒤, 실온에서 충분히 건조하면 종이가 쭈글쭈글해지지 않고 거의 원래 상태로 되돌아갈 거예요.

더 알아보기

젖은 책 빳빳하게 말리기

준비물 쓸모없는 책, 물, 냉장고 냉동실

1. 집에서 쓰지 않는 책을 준비한 뒤, 물에 적셔요.
2. 젖은 책 상태를 관찰해요.
3. 햇빛에 두어 물기를 말린 뒤, 냉동실에 넣어요.
4. 몇 시간 뒤, 책을 꺼내서 상태를 살펴보아요.

5학년 1학기 용해와 용액

물도 맛이 다를까요?

 외국이나 다른 지역에 가서 물을 마셨을 때 평소에 마시던 물과 다른 맛이 느껴지는 것을 경험해 본 적이 있나요? 겉보기에는 물이 다 똑같아 보이지만 사실 맛이 달라요.

 물맛이 다른 이유는 물에 녹아 있는 미네랄의 양이 다르기 때문이에요. 우리가 가게에서 사 먹는 생수뿐 아니라 화장실에서 사용하는 수돗물에도 미네랄이 포함되어 있어요. 미네랄이 포함되어 있지 않은 건 사람이 인위적으로 만든 증류수나 정수기 물뿐이지요. 미네랄이 너무 많이 녹아 있으면 물에서 쓴맛, 짠맛, 떫은맛이 느껴져요. 반대로 미네랄이 적으면 별다른 맛을 느끼지 못하지요.

 물속 미네랄은 칼슘, 칼륨, 나트륨, 마그네슘 등으로 구성되어 있어요. 이 중 마그네슘과 칼슘 함유량에 따라 물맛이 크게 달라지지요. 보통 칼슘이 많을수록 단맛이 나고, 마그네슘이 많으면 쓴맛이 나요.

칼슘이나 마그네슘의 함량이 많으면 특유의 맛이 잘 느껴지는 반면, 비누는 잘 풀리지 않아요. 이런 물을 센물이라고 해요. 반대로 칼슘과 마그네슘 함량이 적은 물은 단물이라고 하는데, 센물과는 다르게 비누가 잘 풀려요. 수돗물과 빗물이 단물에 속하지요.

물에 칼슘과 마그네슘이 얼마나 포함되어 있는지 나타낸 수치를 경도라고 해요. 사람들은 경도 75㎎/L를 기준으로 경도가 이 이상이면 센물, 기준보다 미만이면 단물로 구분하지요. 참고로 사람마다 느끼는 맛이 다르겠지만, 평균적으로 물이 가장 맛있다고 느끼는 경도는 약 50㎎/L라고 해요. 즉, 단물일 때 사람들이 물을 맛있다고 느끼는 것이지요.

더 알아보기

물맛 비교하기

준비물 정수기에서 받은 물, 생수 2종류, 종이컵 3개

❶ 정수기 물, 종류가 다른 생수 2가지를 종이컵에 따라요.
❷ 각각의 물을 마시고 맛을 느껴 봅니다. 모두 맛이 다르다는 것을 알 수 있어요.

5학년 2학기 산과 염기

흙에 따라 색이 변하는 꽃이 있을까요?

　산과 염기를 구분하려면 지시약이 필요해요. 지시약이란 어떤 용액을 만났을 때 그 용액의 성질에 따라 변화가 크게 나타나는 물질이에요. 예를 들면 리트머스 종이, 페놀프탈레인 용액, 자주색 양배추 지시약 등이 있지요. 이 지시약들은 산성, 염기성에 다음과 같이 반응해요.

구분	산성	염기성
리트머스 종이	푸른색 → 붉은색	붉은색 → 푸른색
페놀프탈레인 용액	색깔 변화 없음	붉은색으로 변함
자주색 양배추 지시약	붉은색으로 변함	푸른색이나 노란색으로 변함

　대표적인 산성 용액으로는 식초, 레몬즙, 사이다, 묽은 염산 등이 있으며 염기성 용액으로는 유리 세정제, 빨랫비누 물, 석회수 등이 있어요.

이런 지시약처럼 산성과 염기성에 따라 색이 변하는 꽃이 있다면 믿을 수 있나요? 그 주인공은 바로 수국꽃이에요. 무더운 여름이 되면 수국은 하늘색, 흰색, 분홍색 등 다양하고 풍성한 꽃을 피워요. 그런데 수국의 색상은 품종이 아닌 흙의 성질에 따라 결정돼요. 즉, 흙이 산성인지, 염기성인지에 따라 꽃 색이 달라지는 거예요.

어떤 원리로 이런 일이 가능할까요? 수국꽃에는 '안토시아닌'이라는 성분이 있어요. 안토시아닌은 뿌리를 통해 흙에서 흡수한 성분과 반응해요. 그 결과 꽃 색깔이 변하는 거예요.

만약 흙의 성분이 산성이라면, 흙 속에 풍부하게 있는 알루미늄 이온이 안토시아닌과 결합하여 수국꽃이 푸른색을 띠게 돼요. 반대로 흙의 성분이 염기성이라면, 알루미늄 이온이 적어 안토시아닌과 결합하지 못해 꽃이 붉은색을 띠게 되지요.

간혹 한 그루의 수국에서 꽃의 색깔이 조금씩 다르게 나는 경우도 있어요. 그 이유는 뿌리가 뻗은 부분의 토양 성분이 각각 다르기 때문이지요. 참고로 하얀 수국꽃은 안토시아닌 성분이 없는 품종이에요. 그래서 흙의 산성, 염기성과 상관없이 계속 흰 꽃을 피우지요.

수국꽃

더 알아보기

블루베리 지시약 만들기

준비물 블루베리, 식초, 물, 베이킹 소다, 종이컵 2개

❶ 블루베리를 물에 씻어서 색이 우러나게 해요.
❷ 우러난 물을 2개의 종이컵에 나누어 담아요.
❸ 한 컵에는 식초를, 한 컵에는 베이킹 소다를 넣어요.
❹ 블루베리 물의 색이 어떻게 변했는지 관찰해요.

☑ 블루베리 물은 산성인 식초를 만나면 색이 더 붉어지지만, 염기성인 베이킹 소다를 만나면 색이 보라색으로 변해요.

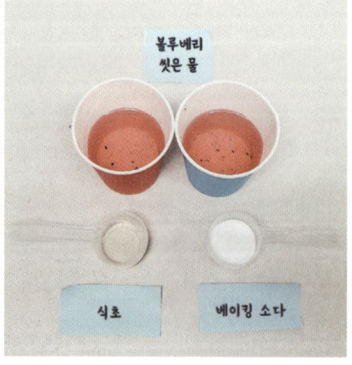 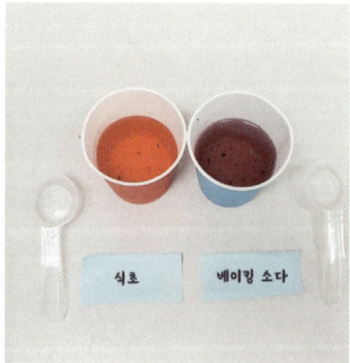

5학년 2학기 산과 염기

게나 새우는 삶으면 왜 빨갛게 변할까요?

수산물 시장이나 마트에서 볼 수 있는 살아있는 꽃게와 새우는 암갈색이나 회색을 띠고 있어요. 그런데 식탁에 올라온 꽃게나 새우를 보면 붉은색을 띠고 있지요. 익히기만 했을 뿐인데 왜 색이 달라진 것일까요?

꽃게, 새우, 대게, 랍스터 같은 갑각류의 껍질에는 '아스타잔틴'이라는 붉은색 색소가 많이 들어 있어요. 갑각류가 살아있을 때는 이 물질이 색소 단백질과 결합해서 푸른빛, 초록빛을 띠고 있지요. 꽃게와 새우를 자세히 보면 몸에서 약간 푸른빛이 감도는 것을 볼 수 있어요.

그런데 새우를 삶으면, 열에 약한 색소 단백질이 분해되고, 안쪽에

살아있는 랍스터와 익힌 랍스터

싸여 있던 아스타잔틴의 본래 색인 붉은색이 드러나는 것이지요. 참고로 꼭 열이 아니더라도 산이나 염기성 물질에 새우를 담가 놓으면 아스타잔틴이 단백질과 분리되면서 붉은색을 띱니다.

게의 껍데기 속에는 붉은색을 띠는 색소 단백질(클러스터세올빈)과 누런색을 띠는 색소 단백질(헤파토크롬), 녹청색을 띠는 색소 단백질(시아노크립탄)이 있어요. 게를 삶아 열을 가하면, 녹청색 색소 단백질만 분해되고, 붉은색과 누런색의 색소 단백질이 남아 게가 주황빛을 띠게 된답니다.

우리가 회나 초밥으로 먹을 때 볼 수 있는 연어, 송어, 도미도 속살이 붉은색을 띠고 있어요. 그 이유는 이 물고기들이 새우나 해조류를 많이 먹다 보니, 자연스레 새우 몸에 있는 색소 아스타잔틴의 영향을 받은 거예요.

더 알아보기

새우 색 바꾸기

준비물 새우, 냄비, 찜기, 물

❶ 마트나 시장에서 사 온 생새우의 색을 관찰해요.
❷ 냄비에 물을 담고, 찜기를 올려놓아요.
❸ 찜기에 새우를 넣은 뒤, 뚜껑을 닫고 끓여요.
❹ 시간이 지난 후, 익은 새우를 보며 색이 어떻게 변했는지 관찰해요.

6학년 1학기 여러 가지 기체

국회 의사당 지붕은 원래 무슨 색이었을까요?

서울 여의도에는 법을 만드는 국회 의원들이 모여 회의를 하는 국회 의사당이 있어요. 국회 의사당의 지붕은 청록색을 띠고 있지요. 그런데 지붕이 원래 청록색이 아니라 붉은색이었다는 사실을 알고 있나요?

국회 의사당

국회 의사당 지붕은 처음에 붉은색이었어요. 구리로 만들어졌기 때문이지요. 하지만 시간이 지나면서 점차 청록색으로 변했어요. 어떻게 이런 일이 일어났을까요? 그 이유를 알기 위해서는 우선 산소의 특징에 대해 알아봐야 해요.

산소는 공기 중 꽤 많은 비중(21%)을 차지하는데, 다른 물질이 타는 것을 도와주는 성질이 있어요. 질소에 비해 다른 물질과의 반응이 무척 뛰어나서, 금속을 녹슬게도 해요. 금속의 하나인 구리도 산소와 잘 결합해요. 국회 의사당 지붕에 사용한 붉은색 구리가 산소와 반응하면서 점차 청록색으로 변한 거예요.

미국에서도 이런 사례를 찾을 수 있어요. 바로 미국을 대표하는 상징물인 자유의 여신상이에요. 이 동상은 구리로 만들어져서 처음에는 붉은색을 띠고 있었지만 시간이 지나면서 구리가 산소와 반응하기 시작했어요. 그러다 결국 지금의 모습처럼 청록색을 띠게 되었어요. 횃불 부분만 금색을 띠는데, 그곳만 산소와 반응하지 않는 물질로 도금했기 때문이지요.

최근에는 산소뿐만 아니라 자동차나 공장에서 발생하는 매연 때문에 구리로 만들어진 건축물이 녹색으로 변하는 속도가 더 빨라지고 있어요. 이런 현상을 막으려면 구리가 산소와 접촉하지 못하도록 도금을 하거나 페인트를 칠해야 해요. 아마 이대로 시간이 더 지난다면 국회 의사당 지붕은 더 진한 녹색을 띠게 될 거예요.

자유의 여신상

코펜하겐 로젠베르크 성

베를린 성당의 조형물

더 알아보기

동전 세척하기

준비물 더러운 10원짜리 동전, 컵, 소금, 식초, 숟가락

❶ 때가 많고 더러운 10원짜리 동전을 컵에 넣어요.
❷ 컵에 소금을 한 움큼 넣어요.
❸ 10원짜리 동전이 잠길 만큼 컵에 식초를 넣고, 소금이 녹을 때까지 저어요.
❹ 하루가 지난 뒤, 동전에 묻어 있는 때가 어떻게 되었는지 관찰해요.

☑ 10원짜리 동전에 묻은 때가 약산(약한 산) 혼합물에 녹아 동전이 깨끗해진 것을 확인할 수 있어요.

6학년 1학기 | 여러 가지 기체

건빵이나 비스킷에 구멍이 뚫려 있는 이유는 뭘까요?

여러분은 비스킷이나 건빵을 좋아하나요? 비스킷에 구멍이 뚫린 것을 본 적이 있을 거예요. 왜 구멍이 뚫려 있는 걸까요?

건빵을 반죽할 때 '이스트'라는 물질을 넣는데, 시간이 지나면 이스트 때문에 탄산 가스가 만들어져요. 그 상태에서 빵을 구워 온도를 올리면 반죽 안의 탄산 가스, 수증기 등이 부피가 커져요. 그러면 당연히 반죽도 더 부풀어 오르지요.

이렇게 부푼 반죽 안쪽에 있는 탄산 가스를 빼내기 위해 구멍을 내야 해요. 그렇지 않으면 터져버리거든요. 만약 구멍을 하나만 낸다면 어떻게 될까요? 건빵 크기에 구멍이 하나뿐이라면 반죽이 엄청 볼록하게 부풀어 오르거나 터지고 말 거예요. 그래서 적당한

쿠키

모양과 두께를 만들기 위해 구멍을 두 개 뚫지요.

만약 구멍을 이보다 더 많이 뚫으면 어떻게 될까요? 반죽 안에 있던 기체가 모두 빠져나가면서 납작해질 거예요. 그러면 우리가 아는 비스킷이 되는 거지요.

이 외에도 과학적으로 구멍을 이용하는 사례가 몇 가지 더 있어요. 그중 하나가 바로 막대사탕이지요. 사탕을 다 먹고 난 뒤 막대 부분을 관찰하면, 작은 구멍이 있는 것을 볼 수 있어요. 왜 이런 구멍을 만들어 놓은 걸까요? 그 이유는 사탕을 제조할 때, 사탕 용액이 구멍으로 흘러 들어가서 굳으면 사탕이 막대에서 잘 빠지지 않기 때문이지요.

유명한 장난감 중 하나인 레고에도 작은 구멍들이 뚫려 있는 것을 볼 수 있어요. 아이들이 실수로 장난감을 삼켰을 때 구멍 사이로 산소가 통과하도록 해 놓은 것이지요. 덕분에 아이들이 레고를 가지고 놀다가 삼키더라도, 작은 구멍 덕분에 질식하지 않는 거예요.

더 알아보기

페트병 속의 풍선

준비물 페트병, 플라스틱, 풍선, 송곳

❶ 페트병 안쪽에 풍선을 넣은 뒤, 페트병 입구에 풍선 입구 부분을 뒤집어 끼워서 빈틈이 없도록 만들어요.
❷ 풍선 입구에 바람을 힘껏 불어요.
❸ 풍선의 크기가 잘 늘어나지 않으면, 페트병 밑바닥에 송곳으로 구멍을 뚫어요.
❹ 다시 풍선에 바람을 힘껏 불고 풍선의 변화를 관찰해요.

☑ 페트병에 구멍을 뚫으면 페트병 안에 있던 공기가 빠져나가기 때문에 풍선이 커져요.

6학년 2학기 연소와 소화

식물도 스스로 불을 낼 수 있을까요?

일반적으로 식물은 주변에 다른 식물들이 빽빽하게 들어서면 잘 견디지 못하고 죽어요. 햇빛을 잘 받지 못하고, 양분을 경쟁자에게 빼앗기기 때문이지요. 하지만 시스투스는 가만히 있지 않고 주변 식물들을 제거해요.

어떻게 제거하냐고요? 스스로 불을 질러 경쟁자들을 태워 버려요. 몸을 움직이지 못하는 식물이 스스로 불을 지른다니 신기하지 않나요?

시스두스는 온도가 32℃ 이상 올라가는 여름이 되면 꽃 안에서 스스로 기름을 만들어요. 이 기름은 사람의 신체 온도보

시스투스

다 훨씬 낮은 35℃만 돼도 쉽게 불이 붙어요. 즉, 발화점이 낮은 물질이지요. 그래서 뜨거운 햇볕의 열기를 받는 여름이면 종종 자연 발화가 일어나요.

이런 방법으로 시스투스는 자기 자신뿐만 아니라 주변의 식물을 모두 태워 버리고 말아요. 참고로 시스투스는 불을 내기 전, 불에 잘 견딜 수 있는 씨앗을 준비해 놓아요. 불을 질러 주변에 모든 것이 재로 변하고 나면 시스투스의 씨앗만 살아남지요. 그러면 그 씨앗은 식물이 타고 남은 재를 양분으로 삼아 새싹을 틔워요. 즉, 시스투스는 자신을 희생하면서 후손이 경쟁자 없이 잘 자랄 수 있도록 돕는 셈이지요.

더 알아보기

연기에 불 붙이기

준비물 양초, 라이터

※ 위험할 수 있으므로 보호자와 함께 실험하세요.

❶ 라이터로 양초에 불을 붙여요.
❷ 바람을 불어서 양초가 꺼지도록 만들어요.
❸ 양초에서 생긴 연기에 불붙은 라이터를 가져다 대요.
 이때 연기가 수직으로 모여서 올라오게 하는 것이 좋아요. 만약 연기가 옆으로 흩어진다면 불이 붙지 않아요.
❹ 불꽃의 변화를 관찰해요.

☑ 불꽃이 꺼지면서 올라오는 연기에 불이 붙으면 연기를 따라 불꽃이 순식간에 내려가서 다시 양초에 불이 붙어요. 양초의 주성분인 파라핀이 완전히 연소되지 못하고 연기 속에 남아있기 때문이지요. 그래서 발화점 이상의 온도가 된다면 다시 불이 붙을 수 있어요.

6학년 2학기 연소와 소화

종이를 냄비로 이용할 수 있을까요?

 우리는 음식을 데우거나 물을 끓일 때 냄비를 이용해요. 냄비는 스테인리스, 알루미늄, 무쇠 등 재질이 다양하지요. 그런데 종이로 만든 냄비도 물을 끓일 수 있을까요?

 종이로 만든 냄비는 다른 재질로 만든 냄비에 비해 쉽게 망가져서 오래 사용할 수는 없어요. 하지만 일회용처럼 한두 번은 사용할 수 있지요. 열을 가하면 바로 불에 타 버릴 것 같은데 어떻게 이런 일이 가능한 걸까요?

 만약 종이 냄비만 가스레인지에 올리고 불을 켠다면 당연히 타 버릴 거예요. 하지만 물이 들어 있는 종이 냄비는 타지 않아요. 그 이유는 종이 냄비의 발화점이 약 400℃에서 450℃ 정도이고 물이 끓는 점은 100℃이기 때문이에요. 불을 켜서 종이를 가열하게 되면 물이 열을 흡수해요. 그래서 종이의 온도는 약 100℃ 정도로 유지되고 발화점까지는 오르지 않지요.

이 원리를 이용해 장사를 하는 곳도 있어요. 여의도의 한강 주변 편의점에서 종이 냄비에 담아 끓여 먹는 라면을 판매하고 있어요. 봉지 라면을 종이 냄비에 넣고 직접 끓여 먹는 거예요. 컵라면과 맛이 살짝 다르고, 한 번 이용한 뒤에 편하게 버릴 수 있어서 많은 사람들이 이용하고 있어요.

그렇다면 종이 냄비를 물이 없는 상태에서 가열하면 어떻게 될까요? 주변에 열을 흡수해 줄 대상이 없어서, 종이 냄비의 온도는 순식간에 발화점을 넘길 거예요. 그러면 종이 냄비에 그을음이 생기며 결국 불에 타고 말겠지요. 종이 냄비를 이용할 거라면 반드시 물을 붓고 이용해야 불이 나지 않아요. 꼭 주의하세요!

> **더 알아보기**
>
>
>
> ### 종이컵으로 물 끓이기
>
> **준비물** 종이컵, 물, 양초, 철사, 젓가락
>
> ※ 위험할 수 있으므로 보호자와 함께 실험하세요.
>
> ❶ 젓가락과 철사로 지시내를 만든 뒤, 종이컵을 올려요. 그리고 종이컵 아래 양초를 놓아요.
> ❷ 종이컵에 물을 담고, 양초에 불을 붙여요.
> ❸ 종이컵 안에 물이 끓는지 확인해요.

6학년 2학기 연소와 소화

물속에서도 불꽃이 꺼지지 않게 할 수 있을까요?

    우리는 보통 불을 끌 때 물을 사용해요. 그런데 물속에서도 불꽃이 꺼지지 않게 할 수 있다는 사실을 알고 있나요?

    물질이 산소와 빠르게 반응해서 빛과 열을 내는 현상을 '연소'라고 해요. 우리는 흔히 이 현상을 보고 '탄다'고 말하지요. 연소가 일어나기 위해서는 3가지 조건이 필요해요. 바로 탈 물질, 산소, 발화점 이상의 온도이지요. 이 3가지 조건만 갖추어진다면 물속에서도 불꽃이 꺼지지 않아요. 그런데 실제로 그것이 가능할까요?

    우선 불꽃을 내는 막대인 스파클라를 준비해요. 그다음에는 스파클라를 기름종이로 감싼 뒤, 불을 붙여요. 그리고 불이 붙은 스파클라를 물속에 집어넣으면 불이 꺼지지 않고 계속 타오르는 것을 볼 수 있어요. 탈 물질인 스파클라 심지 주변에는 산소를 발생시키는 산화제가 있어 산소를 계속 공급할 수 있어요. 그리고 스파클라를 감싼 기름종이가 화약이 물에 젖는 것을 막아서 발화점 이상의 온도가 유지되도록 하는 것이지요. 이렇게 3가지 요소를 갖추었으므로 물속에서도 불이 꺼지지 않는답니다.

우리나라에서 개최한 평창 동계 올림픽에서는 제주도 해녀가 성화봉을 들고 바닷속으로 들어가는 퍼포먼스를 선보였어요. 바닷속에서 꺼지지 않는 불을 보고 사람들이 놀랐지요. 수중 성화봉 안에는 특수한 화학 물질이 포함되어 있었어요. 이 화학 물질은 불꽃이 타오르기 시작하면 계속 폭발하면서 큰 압력을 만들어냈어요. 그 덕분에 바닷물이 성화봉으로 스며들지 못해서 발화점 이상의 온도가 유지될 수 있었던 거예요. 그리고 산소도 끊임없이 공급될 수 있었지요.

연소에 필요한 3가지 요소를 계속 유지해서 영원히 타오르게 만든 불꽃은 세계 곳곳에서 찾아볼 수 있어요. 프랑스 파리 개선문에 '충혼의 불꽃', 러시아 모스크바 크램린궁에 '꺼지지 않는 불꽃', 우리나라 순천만 국가정원에 있는 '현충정원의 꺼지지 않는 불꽃'이 바람이 부나 비가 내리나 꺼지지 않고 타오르고 있지요.

수중 성화 봉송

더 알아보기

물에서도 꺼지지 않는 불꽃 만들기

준비물 페트병, 스파클라 폭죽, 식용유, 라이터, 물

※ 위험할 수 있으므로 보호자와 함께 실험하세요.

① 페트병에 물을 채운 뒤, 스파클라에 불을 붙여요.
② 물에 넣었을 때 꺼지는 것을 확인해요.
③ 이번에는 스파클라에 식용유를 바르고, 불을 붙인 뒤 물에 집어넣어요.
④ 불꽃이 계속 타는 것을 관찰해요.

6학년 2학기 우리 몸의 구조와 기능

짜장면을 먹은 뒤 왜 그릇에 국물이 많아질까요?

 다들 짜장면을 먹어 봤을 거예요. 맛있게 짜장면을 먹고 나면 그릇에 국물이 많이 남아 있는 것을 볼 수 있어요. 분명 짜장면을 먹기 전에는 국물이 많지 않았는데, 왜 먹고 난 뒤에는 국물이 늘어난 걸까요?

 우선 짜장면 소스의 성분을 알아야 해요. 짜장면 소스에는 춘장과 전분이 섞여 있어요. 전분이란 감자, 고구마 등을 갈아서 가라앉힌 후, 앙금을 말려 만든 가루예요. 물과 섞어 놓으면 수분을 머금고 있는 상태가 돼요.

 우리는 식사를 할 때 입에 들어온 음식물을 씹으면서 잘게 부숴요. 이때 침도 분비하지요. 침에는 '아밀라아제'라는 소화 효소가 들어 있는데 음식물이 우리 몸에서 잘 소화될 수 있도록 돕는 역할을 해요.

 우리가 짜장면을 먹다 보면 침이 음식에 묻어요. 침에 있는 아밀라아제가 짜장면 소스의 전분에 닿는 순간, 전분이 머금고 있던 물이 분리되지요. 그래서 처음에는 보이지 않았던 물이 갑자기 생기는 거예요. 사람마다 침 속에 포함된 아밀라아제의 양이 다르므로 똑같은 짜장면을 먹더라도 국물의 양이 달라질 수 있어요.

참고로 간짜장은 일반 짜장면보다 국물이 덜 생겨요. 간짜장 소스에는 상대적으로 전분이 덜 들어가기 때문이에요.

더 알아보기

침의 효과 비교하기

준비물 짜장면

1. 중국집에 가서 짜장면을 주문한 뒤, 국물이 얼마나 있는지 확인해요.
2. 짜장면을 먹을 때 최대한 면을 끊지 않고 먹어 봅시다.
3. 건더기를 먹고 나서 짜장면에 국물이 얼마나 늘었는지 확인해요.

☑ 짜장면을 먹을 때 침 속에 있던 소화 효소 아밀라아제가 짜장면 그릇에 들어가고, 짜장면에 있던 전분 속 물이 분리되는 거랍니다. 사람마다 먹는 습관이 달라서 생기는 물의 양이 다를 수 있어요.

6학년 2학기 우리 몸의 구조와 기능

파인애플이나 키위를 먹고 이를 닦으면 왜 아플까요?

파인애플이나 키위를 많이 먹으면 입과 혓바닥이 쓰린 경우가 있어요. 그리고 바로 이를 닦으면 큰 고통을 느끼지요. 왜 그런 걸까요?

사람의 피부는 단백질로 이루어져 있어요. 혀와 입 안쪽에 있는 점막도 마찬가지고요. 그런데 파인애플에는 단백질을 분해하는 효소인 '브로멜린'이 들어 있어요. 파인애플을 많이 먹어서 입 안에 브로멜린이 가득한 상태가 되면 점막의 단백질이 분해되며 작은 마찰에도 입 안쪽과 혀에 상처가 생겨요. 그래서 파인애플을 많이 먹은 뒤, 이를 바로 닦으면 칫솔과 치약의 자극 때문에 더 큰 고통을 느끼게 되는 거예요.

이런 원리를 이용해서 사람들은 고기를 연하게 만들 때 파인애플을 이용하기도 해요. 고기를 부드럽게 만들기

키위

위해서는 단백질을 녹여야 하니까요.

　키위에는 '액티니딘' 성분이 있어요. 이 액티니딘은 파인애플의 브로멜린 효소처럼 단백질을 분해하는 성질이 있어요. 따라서 키위와 파인애플을 많이 먹으면 입이 아플 수밖에 없지요.

　그러면 파인애플과 키위를 먹을 때 입 안이 아프지 않으려면 어떻게 해야 할까요? 브로멜린과 액티니딘은 모두 효소에요. 효소는 열을 받으면 쉽게 파괴되지요. 따라서 아픈 것이 싫은 사람은 파인애플과 키위를 불에 익혀 먹으면 돼요. 그러면 효소가 파괴되면서 입을 톡 쏘는 맛이 사라지겠지요.

더 알아보기

고기 부드럽게 만들기

준비물 고기, 파인애플즙, 접시

❶ 크기가 비슷한 고기를 준비해요.
❷ 한쪽 접시의 고기는 그대로 두고, 다른 한쪽 접시에는 파인애플즙을 잔뜩 뿌려줘요.
❸ 1~2시간 뒤 접시에 있는 고기를 젓가락으로 나누어 보고 어떤 고기가 더 부드럽고 잘 나누어지는지 확인해요.

☑ 파인애플즙 속 효소 브로멜린이 단백질을 분해해서 고기를 부드럽게 만들어요.

생물

- 하루살이는 정말 하루만 살까요?
- 새끼 캥거루가 주머니 안에서 똥을 싸면?
- 조금만 굶어도 죽는 동물이 있을까요?
- 아무것도 없던 웅덩이에 소금쟁이가 어떻게 나타났을까요?
- 꿀벌은 침을 쏘고 나면 왜 죽을까요?
- 나무늘보 털 속에 사는 생물이 있다고요?
- 눈이 없는 물고기도 있을까요?
- 병아리는 달걀노른자에서 생기는 걸까요?

- 살면서 성별이 바뀌는 동물도 있을까요?
- 돌처럼 보이려고 변신한 식물이 있다고요?
- 흰머리를 뽑으면 어떻게 될까요?
- 바나나는 왜 씨앗이 없을까요?
- 음악을 들려 주면 춤추는 식물이 있다고요?
- 고양이나 개도 혈액형이 있을까요?
- 어른은 어린이보다 뼈 개수가 많을까요?

3학년 1학기 동물의 한살이

하루살이는 정말 하루만 살까요?

 다들 더운 여름에 머리 주위를 날아다니는 하루살이를 한 번쯤은 본 적이 있을 거예요. 그런데 하루살이가 정말 이름처럼 하루만 살까요?

 곤충의 한살이는 크게 완전 탈바꿈과 불완전 탈바꿈으로 나누어 볼 수 있어요. 완전 탈바꿈을 하는 곤충은 알-애벌레-번데기-성충(어른벌레) 단계를 거치며 일생을 살아가고, 불완전 탈바꿈을 하는 곤충은 알-애벌레-성충 단계를 거치지요.

 하루살이는 불완전 탈바꿈을 하는 곤충이에요. 애벌레 상태일 때는 물속에서 지내다가 성충이 되면 밖으로 나오지요. 우리가 흔히 보는 하루살이는 성충이 되어 하늘을 날아다니는 모습이에요. 이 과정이 보통 1~3년 정도 걸려요. 이렇게 오래 사는 곤충인데 왜 하루살이라고 부르는 걸까요?

그 이유는 성충이 된 뒤에는 하루나 이틀밖에 못 살기 때문이에요. 하루살이가 유충일 때는 입이 있어서 물때나 낙엽 등을 먹고 살지만, 성충이 되면 입이 사라져요. 입이 없으니 무언가를 먹을 수가 없지요. 먹이를 먹을 필요가 없으니 위, 창자 같은 소화기관도 없어요. 심지어 똥도 안 싸지요. 그래서 하루살이가 성충이 되면 하루밖에 못 사는 거예요. 먹지 못하니 오래 살 수 없는 거지요.

하루살이는 성충이 된 후, 처음이자 마지막으로 날아다니면서 짝짓기를 해요. 그리고 짧게는 한 시간, 길게는 이틀 정도 살다가 죽고 말아요.

완전 탈바꿈의 과정

불완전 탈바꿈의 과정

더 알아보기

곤충 성장 단계 맞추기

준비물 스마트폰

❶ 바깥에 나가서 곤충 한 마리를 정해서 관찰해요.
❷ 관찰하는 곤충의 사진을 찍고 알, 애벌레, 번데기, 성충 중 어떤 단계에 해당하는지 생각해 봅니다.
❸ 다른 단계일 때는 어떤 모습일지 상상해 보세요.

☑ 곤충을 관찰할 때는 만지지 않고 눈으로만 보세요.

3학년 2학기 동물의 생활

새끼 캥거루가 주머니 안에서 똥을 싸면?

호주의 드넓은 초원에 사는 캥거루는 임신 후, 한 달 남짓이 되면 새끼를 낳아요. 우리는 엄마 뱃속에서 아홉 달을 있다가 나오는데, 캥거루는 너무 빨리 새끼를 낳는 거 아니냐고요?

맞아요. 충분히 자라지 못한 채 태어나기 때문에 새끼 캥거루는 어미의 주머니 속에서 젖을 먹으며 더 자라요. 이렇게 약 6개월이 지나면 슬슬 주머니 밖을 드나들며 지내요. 그리고 다 자라면 더 이상 어미의 주머니에 들어가지 않게 되지요.

그런데 만약 새끼 캥거루가 주머니 속에서 똥과 오줌을 싼다면 어떻게 될까요? 주머니에 배설물이 빠지는 구멍이라도 있는 걸까요?

안타깝게도 캥거루의 주머니에 그런 구멍은 없어요. 그래서 새끼 캥거루가 주머니 안에서 똥오줌을 싸면 어미 캥거루는 앞발로 주머니를 연 뒤, 이곳에 머리를 넣고 새끼가 싼 똥과 오줌을 혀로 핥고 닦아

어미 캥거루와 새끼 캥거루

요. 미처 닦지 못한 것은 주머니 안에 흡수되지요.

　더럽다고요? 하하, 걱정하지 마세요! 아직 덜 자란 새끼 캥거루는 어미의 젖만 먹고 자라서 배설물이 그렇게 더럽지 않아요. 게다가 배설물 속에는 새끼 캥거루가 다 소화하지 못한 영양분이 아직 많이 남아 있어요. 그래서 어미 캥거루가 새끼의 똥오줌을 먹는 것은 영양 보충을 하는 것이나 다름없지요.

　우리에게 친숙한 소 역시 새끼가 태어나면 새끼 몸을 감싸고 있던 태반과 같은 분비물을 모두 어미가 핥아요. 새끼에게 감염이 일어나지 않도록 말이에요. 이런 어미의 행동이 아니더라도 똥을 먹는 동물은 생각보다 많아요. 개, 토끼, 거북이도 자신의 똥을 먹을 때가 있거든요!

더 알아보기

캥거루 주머니 만들기

준비물 헌 양말, 도화지, 색연필, 연필

❶ 도화지에 캥거루 그림을 그리고, 배 부분에 헌 양말을 붙여요.
❷ 캥거루 주머니가 된 양말에 물건을 넣었다가 빼 봐요.
❸ 양말 안에 물을 살짝 부어서 흡수되는 것을 관찰해요.

3학년 2학기 동물의 생활

조금만 굶어도 죽는 동물이 있을까요?

혹시 배가 아프거나, 속이 좋지 않아서 굶어 본 적이 있나요? 사람은 물을 마실 수만 있다면 일주일 정도는 아무것도 먹지 않아도 버틸 수 있어요. 물론 사람마다 살이 얼마냐 있느냐에 따라 버틸 수 있는 기간이 달라지긴 하지만요.

그런데 세상에는 3시간만 굶어도 죽는 동물이 있어요. 놀랍지 않나요? 그 주인공은 바로 캐나다와 미국에서 서식하는 '북부짧은꼬리땃쥐'예요. 이 쥐는 3시간 안에 아무것도 먹지 못하면 죽고 말아요.

그 이유는 북부짧은꼬리땃쥐의 심장이 사람보다 약 12배나 빨리 뛰기 때문이에요. 북부짧은꼬리땃쥐는 몸이 작아서 체온을 유지하기가 힘들

북부짧은꼬리땃쥐

어요. 심장이 빨리 뛰어야만 체온을 유지하며 살 수 있지요. 심장이 뛰기 위해선 에너지가 필요하니 북부짧은꼬리땃쥐는 가만히만 있어도 많은 에너지를 소모해요. 그래서 하루에 자기 몸무게의 3배가 넘는 양을 먹어야만 살 수 있어요. 참고로 이 쥐는 시력이 나빠 앞을 볼 수 없어요. 그래서 음파로 먹잇감을 탐지한 뒤, 이빨에서 나오는 독을 이용해 사냥을 하지요.

만약 3시간 이내에 먹을 것을 구하지 못하고 굶으면 어떻게 되냐고요? 근육이 서서히 분해되면서 에너지로 사용돼요. 시간이 지나면 모든 근육이 분해되어서 움직이지 못하고 심장마비로 죽고 말지요. 그래서 북부짧은꼬리땃쥐는 잠도 3시간 이상 잘 수 없어요.

더 알아보기

움직이는 쥐 만들기

준비물 종이컵, 폐건전지(AA), 실, 테이프, 풀, 고무줄, 가위, 색종이

❶ 종이컵을 쥐 모양으로 꾸며요.
❷ 고무줄이 건전지를 감싸는 형태로 놓은 뒤, 테이프로 붙여요.
❸ 실 끝부분을 건전지 가운데 부분에 붙인 뒤, 감아요.
❹ 종이컵 아랫부분의 양쪽 끝과 뒷부분을 가위로 살짝 잘라서 홈을 만들어요.
❺ 양쪽 홈 사이에 건전지를 감싼 고무줄을 끼우고, 짧게 잘라 놓은 나무젓가락으로 고정해요. 이때 실 끝부분은 종이컵 뒤편의 홈에 고정해요.
❻ 실을 당겼다가 놓으면 쥐 모형이 움직이는 것을 볼 수 있어요.

☑ 고무줄은 탄성이 있어서 당겼다가 놓으면 원래대로 돌아가요. 실험에서도 실을 당기면 고무줄이 꼬였다가 다시 원래대로 돌아가면서 모형 쥐가 움직인답니다.

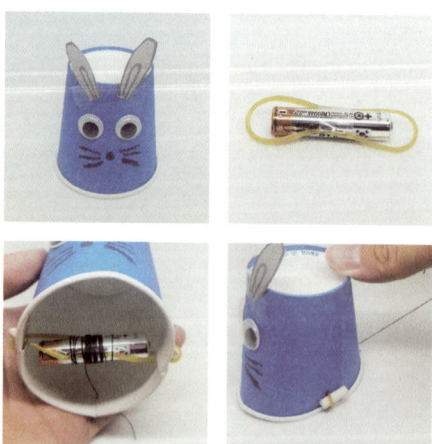

3학년 2학기 동물의 생활

아무것도 없던 웅덩이에 소금쟁이가 어떻게 나타났을까요?

길을 지나다 보면 아무것도 없는 웅덩이나 호수에 소금쟁이가 있는 것을 볼 수 있을 거예요. 도대체 소금쟁이는 어디에서 나타난 걸까요?

이 질문에 앞서 소금쟁이에 대해 알아볼까요? 소금쟁이는 물 위를 떠다녀요. 그러다가 추운 겨울이 되면 낙엽, 돌 밑으로 들어가 겨울잠을 자지요. 따뜻한 봄이 되면 암컷 소금쟁이는 물에 떠 있는 물체 위에 알을 낳아요. 여기에서 부화한 새끼는 다시 물 위에서 생활을 시작하지요.

여기서 또 다른 의문이 생길 수도 있어요. 개미나 파리 같은 다른 곤충들은 물에 빠지면 허우적거리는데, 소금쟁이는 어떻게 물에 떠 있을 수 있을까요?

소금쟁이

소금쟁이는 발뿐만 아니라 온몸에 기름을 분비하는 털이 있어요. 그리고 무게도 가벼워서 쉽게 물 위에 떠 있을 수 있지요. 만약 파도가 쳐서 물속에 빠지더라도, 털 사이에 생긴 공기 방울이 에어백 역할을 해서 다시 쉽게 물 위로 떠오를 수 있어요. 소금쟁이는 짧은 앞다리로 먹이를 잡고, 가운데 다리로는 물 위에서 노를 저으며 앞으로 나아가는 데 사용해요. 뒷다리로는 나아갈 방향을 조절하지요. 그래서 가운데 다리가 없으면 헤엄을 못 치고, 뒷다리가 없으면 방향을 못 잡고 빙글빙글 돌아요.

참고로 소금쟁이가 떠 있는 곳에 비눗물을 떨어뜨리면 털에 있는 기름기가 분해되어서 물속으로 가라앉고 말아요. 또한 우유처럼 표면 장력이 약한 곳에서도 곧장 가라앉고 말지요.

더 알아보기

모형 소금쟁이 만들기

준비물 수수깡, 철사, 두꺼운 도화지, 식용유, 수조, 물

❶ 수수깡으로 모형 소금쟁이 몸통을 만들고, 철사로 다리를 만들어요.
❷ 철사 끝에 두꺼운 도화지를 붙여 발을 만들어요.
❸ 수수깡에 철사를 꽂아 몸통과 다리를 연결해요.
❹ 발이 되는 두꺼운 도화지 밑면에 식용유를 발라요.
❺ 수조에 모형 소금쟁이를 띄우고, 모형이 물 위에 떠 있는 것을 관찰해요.

☑ 소금쟁이는 수수깡처럼 몸이 가볍고, 온몸에 기름을 분비하는 털이 있어요. 그래서 물에 떠 있을 수 있어요.

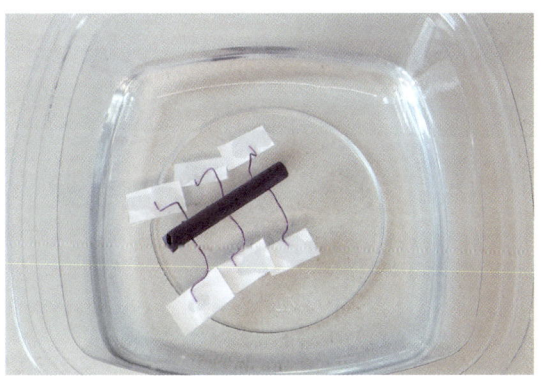

3학년 2학기 동물의 생활

꿀벌은 침을 쏘고 나면 왜 죽을까요?

 따뜻한 날이 되면 꽃 주변에서 꿀벌을 흔히 볼 수 있어요. 꿀벌이 작고 귀엽기는 하지만 침에 쏘이면 많이 아파요. 자칫하면 병원에 가야 할 수도 있지요. 그래서인지 윙윙거리는 소리를 들으면 무서워서 소리를 지르는 친구들도 있을 거예요.

 꿀벌들은 보통 자신을 방어하려고 침을 쏴요. 그래서 우리가 위협하지 않고 가만히 있으면 괜히 공격하지 않아요. 그런데 꿀벌이 침을 쏘고 나면 죽어버린다는 것을 알고 있나요?

 꿀벌 독침은 갈고리와 비슷한 모양이에요. 그래서 침을 꽂으면 떼어 내기 힘들지요. 만약 사람이 직접 떼어 내거나, 꿀벌 스스로 배에 힘을 주어 떼어 낸다면 침과 연결된 내장 기관과 근육이 떨어져 나가서 죽는 거예요. 꿀벌은 벌 중에서 침을 쏜 후 죽어버리는 유일한 종이에요. 말벌, 호박벌 같은 다른 벌들은 침을 쏘고 나서도 죽지 않아요. 매끄러운 침을 갖고 있어서 상대에게 침을 쏜 뒤에도 쉽게 떼어 낼 수 있기 때문이지요.

꿀벌 중에서도 침을 여러 번 쏘고도 살아남는 벌이 있어요. 바로 여왕 꿀벌이지요. 그 이유는 다른 종의 벌처럼 매끄러운 침을 갖고 있기 때문이에요. 실제로는 여왕 꿀벌이 벌집을 떠나는 일이 많지 않아서 침을 쏠 일이 거의 없긴 해요. 그러면 여왕벌은 침을 언제 사용하냐고요? 어렸을 때 다른 여왕벌 후보가 번데기에서 탈피하기 전에 침을 쏘는 경우가 많아요. 경쟁자를 미리 없애는 것이지요.

꿀벌은 목숨을 걸고 침을 놓는 거니까, 우리는 굳이 위험을 감수하면서 벌을 자극할 필요가 없어요. 그러니까 꿀벌이 보일 때 일정한 거리를 두며 위협하지 않으면 쏘일 일도 없답니다.

더 알아보기

모형 꿀벌 침 만들기

준비물 클립 2개, 찰흙, 수수깡

❶ 클립을 펼쳐 하나는 직선으로, 다른 하나는 갈고리 모양으로 만들어요.
❷ 직선으로 펼친 클립을 찰흙에 꽂았다가 빼요.
❸ 갈고리 모양으로 만든 클립을 찰흙에 꽂았다가 빼요.
❹ 어느 형태가 빼기 쉬운지 비교해요.

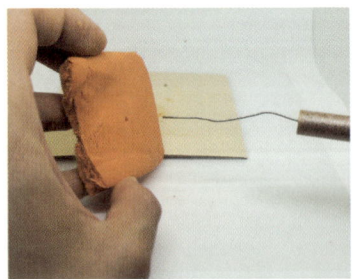
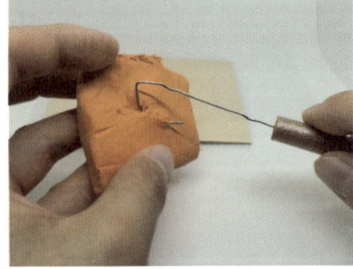

5학년 2학기 생물과 환경

나무늘보 털 속에 사는 생물이 있다고요?

나무늘보는 두 종류가 있어요. 발가락이 둘인 두발가락나무늘보와 발가락이 셋인 세발가락나무늘보이지요. 우리가 살펴볼 나무늘보는 세발가락나무늘보예요.

세발가락나무늘보의 털가죽에는 '나무늘보나방'이 수백 마리 넘게 살고 있어요. 이 나방은 나무늘보의 털 속에 배설하며 살아요. 그러다 죽으면 분해되면서 털 안에 양분을 남기지요. 이렇게 나방의 배설물과 시체가 쌓인 덕분에, 나무늘보 털에는 이끼 같은 녹조류가 잘 자라요. 원래 회갈색인 나무늘보가 푸릇푸릇한 색을 띠는 것은 이 녹조류

세발가락나무늘보

때문이에요. 더럽지 않냐고요? 전혀 그렇지 않아요. 이끼는 나무늘보의 먹이 중 하나거든요. 녹조류는 평상시 나무늘보가 먹는 나뭇가지, 나뭇잎, 과일에는 없는 영양소를 갖고 있어요. 그래서 나무늘보는 자신의 털에 달린 녹조류를 핥아 먹곤 하지요. 즉, 나무늘보와 나무늘보나방은 공생 관계에 있어요.

 나무늘보는 하루 종일 나무에서 생활하다가 가끔 땅에 내려갈 때가 있어요. 땅에 내려가는 건 힘이 많이 들고, 적에게 잡아 먹힐 위험이 큰데 왜 굳이 땅으로 내려갈까요?

 그 이유는 변을 보기 위해서예요. 나무늘보나방은 나무늘보가 땅으로 내려와서 똥을 누는 순간, 털속에서 나와 나무늘보의 똥에 자신의 알을 낳아요. 시간이 지나면 알이 부화하고, 유충은 나무늘보가 변을 본 곳 근처에서 나방이 될 때까지 지내요. 그러다가 성체가 되면, 나무늘보가 다시 변을 보러 내려왔을 때 털 속으로 보금자리를 옮기지요.

 나무늘보 털 속에는 나무늘보나방 외에도 다른 생물들이 작은 생태계의 균형을 유지하며 살아가요. 참고로 생태계의 균형이란 생물의 종류와 수 또는 양이 균형을 이루며 안정된 상태를 유지하는 것을 뜻해요. 나무늘보의 털 속뿐만 아니라 숲, 바다에서도 생태계의 균형을 이루는 곳이 많지요.

더 알아보기

작은 생태계 관찰하기

준비물 채집통 등

① 시냇물이 흐르는 개울가나 물이 고인 웅덩이를 찾아요.
② 그곳에 서식하는 작은 생물들을 관찰해요.
③ 작은 생물들을 채집해서 통에 넣어 관찰한 후, 다시 놓아줍니다.

5학년 2학기 생물과 환경

눈이 없는 물고기도 있을까요?

 빛이 거의 들어오지 않는 깊은 물속에는 몸의 일부를 스스로 빛내거나, 약한 빛을 모으도록 눈이 튀어나온 물고기 등이 있어요. 모두 어두운 환경에 적응한 동물들이지요. 그런데 이들 중에 눈이 없는 물고기도 있다는 사실을 알고 있나요?

 멕시코에는 '멕시칸 테트라'라는 물고기가 있어요. 아주 오래전, 이들 중 일부는 어두운 동굴 쪽으로 서식지를 옮겼고 나머지는 원래 서식하던 밝은 곳에 남아서 살았어요. 어두운 곳에서는 눈이 그다지 필요하지 않아서 동굴 쪽에 사는 물고기들은 시각을 담당하는 중뇌가 점점 퇴화했어요. 결국에는 빛이 없어도 생활할 수 있는 물고기만 살아남았지요. 오늘날 사람들은 이 물고기

멕시칸 테트라

를 '멕시코 장님물고기'라고 부르는데 눈이 있어야 할 자리에 피부와 근육만 있어요. 한편, 원래 밝은 곳에서 서식하던 멕시칸 테트라는 그대로 눈을 가진 상태로 있답니다. 신기하게도 두 물고기는 같은 종이라서 짝짓기를 통해 알도 낳을 수 있어요.

이처럼 생물은 환경에 적응해서 살아가요. '적응'이란 특정한 서식지에서 오랜 시간 동안 지내면서, 살아남기에 유리한 특징이 자손에게 전달되는 것을 뜻해요. 멕시코 장님물고기는 어두운 환경에 적응한 것이지요.

그런데 눈이 없으면 어떻게 먹이를 찾을까요? 멕시코 장님물고기는 눈이 없는 대신 촉각이 발달해서 물속에서 먹이의 진동을 느껴 사냥하지요. 어두운 곳에 사는 물고기들은 대부분 환경에 적응해서 살아갈 수 있도록 시각 대신 촉각, 후각, 청각 등이 발달했답니다.

더 알아보기

소리로 위치 파악하기

준비물 책상

❶ 눈을 감고 책상 위에 엎드려요.
❷ 다른 사람이 손가락으로 책상을 톡톡 치면, 엎드린 사람은 소리가 난 쪽의 손을 들어 올리며 위치를 맞혀요.

5학년 2학기 생물과 환경

병아리는 달걀노른자에서 생기는 걸까요?

닭의 한살이는 알 - 병아리 - 큰 병아리 - 다 자란 닭의 과정을 거쳐요. 이때 닭의 알을 달걀이라고 부르지요.

달걀은 무정란과 유정란으로 구분할 수 있어요. 암탉은 수탉과 짝짓기를 하지 않더라도 1년간 스스로 알을 200개 이상 낳을 수 있어요. 이때 낳은 알은 수정이 되지 않은 무정란이에요. 그래서 따뜻하게 품어 주어도 병아리는 태어나지 않지요. 반대로 암탉과 수탉이 짝짓기를 한 후, 낳은 알은 유정란이에요. 유정란은 수정이 된 상태이므로 따뜻하게 품어 주면 병아리가 태어날 수 있어요.

달걀 내부는 모두 흰자와 노른자로 이루어져 있어요. 그런데 병아리는 이 흰자와 노른자 중 어떤 부분에서 태어나는 것일까요?

병아리가 노란색이니 노른자에서 태어난다고 생각할 수 있지만, 이는 사실이 아니에요. 노른자는 '난황'이라고 하며, 병아리가 달걀 속에서 성장할 수 있도록 영양분을 공급하는 역할을 해요. 즉, 이곳에서는 병아리가 생기지 않지요. 따라서 달걀에 노른자가 두 개라고 해서 병아리 두 마리가 태어나는 것은 아니에요.

그렇다면 흰자에서 생기는 것일까요? 이것도 아니에요. 흰자는 외부의 충격을 막아 주며 병아리와 노른자를 보호하는 역할을 하지요.

도대체 병아리는 달걀의 어떤 부분에서 생기는 것일까요? 정답은 노른자 위에 붙은 하얀 점이에요. 이 부분을 '배자'라고 하는데, 크기가 고작 2~5mm 정도랍니다. 무정란에서는 이 부분이 명확하지 않고 크기도 작아 찾기 힘들지만, 유정란에서는 뚜렷하게 찾아볼 수 있어요. 바로 이 배자가 약 24도 이상의 따뜻한 환경이 갖추어지면 세포분열을 하여 병아리로 자라는 거예요.

달걀의 배자

더 알아보기

달걀 관찰하기

준비물 유정란, 접시, 돋보기

❶ 유정란을 깬 뒤, 평평한 접시에 내용물을 조심히 쏟아 내요.
❷ 노른자와 흰자를 돋보기로 관찰해요.
❸ 노른자 위에 붙은 하얀 점 '배자'를 찾아 관찰해요.

무정란과 유정란

5학년 2학기 생물과 환경

살면서 성별이 바뀌는 동물도 있을까요?

우리는 남자, 여자로 성별이 정해진 채로 태어나요. 그런데 혹시 사람과는 다르게 태어난 뒤 성별이 바뀌는 동물이 있을까요?

생물은 자연에서 살아남기 위해 환경에 적응해요. 심지어 일부 동물들은 번식을 위해 성별을 바꾸는 일도 있지요. 그중 바다에 살면서 성별을 바꾸는 물고기들에 대해 알아볼까요?

흰동가리는 처음에 모두 수컷으로 태어나는데 이들은 번식할 수 있는 기능이 없어요. 흰동가리는 무리를 모여서 다니는데, 이 중 가장 큰 흰동가리가 암컷으로 변해요. 그리고 두 번째로 큰 흰동가리는 번식 기능이 있는 수컷으로 변하지요. 둘은 짝짓기하며 번식해요.

용치놀래기는 보통 수컷 한 마리가 암컷 3~4마리를 데리고 다니며 무리를 지키고 번식해요. 그러다가 수컷이 죽으면 그 무리 중 가장 큰 암컷이 단 10일 만에 수컷으로 변하지요. 그리고 남은 암컷 무리를 지켜요.

리본장어는 성장하면서 여러 번 성별을 바꿔요. 처음에는 수컷으로 태어나지만 나중에 암컷으로 변하지요. 그러다가 몸길이가 65cm 정도가 되면 다시 수컷으로 변해요. 또 시간이 지나 몸이 90~120cm 정도로 커지면 다시 암컷으로 변해요. 자기 몸을 보호하고 성장시키고 싶을 때는 수컷으로 변하고, 산란에 집중하고 싶을 때는 암컷으로 변하는 거예요.

감성돔은 처음에 수컷으로 태어나요. 1~2년 시간이 지나면 하나의 개체 속에 암수의 생식소를 모두 가진 자웅동체가 돼요. 즉, 수컷과 암컷의 특징을 전부 갖는 것이지요. 그로부터 4~5년이 지나서 크기가 30cm를 넘어가면 대부분 암컷으로 변해요. 가장 몸집이 클 때 암컷으로 변하는 이유는 더 많은 난자를 가질 수 있어 번식하는 데 유리하기 때문이에요.

이처럼 세상에는 자신의 성별을 스스로 바꿀 수 있는 기상천외한 동물이 존재한답니다.

흰동가리

더 알아보기

꽃게 암수 구분하기

준비물 꽃게

❶ 암수 꽃게를 준비해요.
❷ 꽃게의 등을 보고 성별을 구분할 수 있는지 확인해요.
❸ 꽃게의 배 부분을 관찰하며 성별을 구분해요.

☑ 암컷 꽃게는 배 부분에 둥그스름하고 넓적한 문양이 있고, 수컷 꽃게는 뾰족한 문양이 있어요.

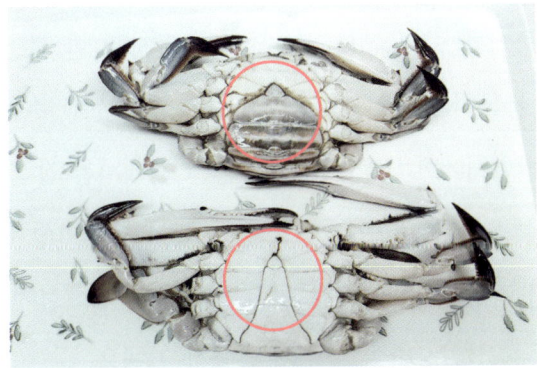

5학년 2학기 생물과 환경

돌처럼 보이려고 변신한 식물이 있다고요?

　남아프리카, 남서아프리카 사막 지대에는 돌처럼 보이는 식물이 있어요. 바로 리톱스라는 식물이지요. 리톱스는 주변의 자갈과 빛깔, 모양이 비슷해서 전혀 식물처럼 보이지 않아요.

　리톱스는 왜 돌처럼 보이도록 변했을까요? 리톱스는 더운 사막에서 마르지 않기 위해 몸의 절반을 땅속에 깊이 묻고 있어요. 그리고 땅 아래에 줄기를 숨겨 두고, 땅 위에는 잎사귀 한 쌍만 내민 상태이지요. 몇몇 동물이 보호색을 띠는 것처럼 리톱스도 주변 환경에 따라 잎의 색을 변화시켜요. 갈색 자갈이 많은 곳에서는 갈색 잎으로, 회색 자갈이 많은 곳에서는 회색 잎으로 변신하지요. 이렇게까지 하는 이유는 동물이 자신을 뜯어 먹지 못하도록 하기 위해서예요. 눈에 띄지 않으려고 돌처럼 위장하여 사막에 적응한 거예요.

　특정한 서식지에 오랜 기간 지내면서 생존하기에 유리한 특징이 자손에게 전달되는 것을 '적응'이라고 해요. 리톱스뿐만 아니라 사막 쪽에서 서식하는 식물은 극악한 환경에서 살아남기 위해 오랜 시간 적응해 왔어요. 예를 들어 선인장은 수분 증발을 최대한 막기 위해 표면적을 줄이다 보니 잎이 가시 모양이 된 거예요.

또 다른 예로 이오난사라는 식물이 있어요. 이 식물은 뿌리로 영양분을 흡수하지 않고, 잎에 있는 하얀 털로 공기 중의 양분과 수분을 섭취하면서 자라요. 다른 식물들과는 달리 뿌리를 흙에 묻지 않고도 살아갈 수 있지요. 그래서 화분이 따로 없어도 괜찮아요.

이렇게 식물들은 저마다 자신이 처한 환경에 적응하며 살아가고 있어요. 우리가 보기에 신기한 것들도, 식물들이 생존하기 위해 적응한 결과예요.

네펜데스

리톱스

틸란드시아

더 알아보기

이오난사 기르고 관찰하기

준비물 이오난사, 물, 분무기

❶ 이오난사를 햇빛이 들어오는 곳에 두어요. 단, 직사광선이 드는 곳은 피해야 해요. 화분이 없어도 돼요.
❷ 매일 분무기로 물을 조금씩 뿌려 주며 관찰해요.
❸ 뿌리에서 새끼처럼 작은 이오난사가 생긴다면, 어느 정도 크기가 자랐을 때 분리해 주어요.

5학년 2학기 생물과 환경

흰머리를 뽑으면 어떻게 될까요?

부모님이나 친구 머리를 보면 가끔 흰머리카락을 볼 수 있어요. 흰머리카락인 새치는 왜 생길까요?

흰머리가 나는 이유는 여러 가지가 있어요. 스트레스, 노화, 머리쪽의 색소 세포의 기능 저하 등이지요. 우리 피부에는 털을 만드는 모낭이라는 기관이 있어요. 이 모낭에 있는 색소 세포가 노화해 제 기능을 하지 못하면 새치가 생겨요.

부모님께서 흰머리가 나면 보기 싫다고, 새치를 뽑아 달라고 하실 때가 있지요? 만약 우리가 흰머리를 뽑으면 그 자리에 검은 머리가 다시 자랄까요?

정답부터 말하자면, 검은 머리가 다시 자라지는 않아요. 흰머리를 뽑으면 그 자리에 다시 흰머리가 자랄 가능성이 크지요. 이미 색소 세포가 노화해서 검은 머리카락을 자라게 할 수 없기 때문이에요.

흰머리가 보인다고 계속 뽑는다면 두피를 자극해서 모근이 약해질 수 있어요. 모근이란 털의 뿌리 부분을 말하는데, 이 부분이 약해지면 머리카락이 쉽게 빠지는 탈모 증상이 생기기도 해요.

그러니까 흰머리를 없애고 싶다면 머리카락을 뽑지 말고, 가위로 자르거나 염색을 하는 것이 좋아요. 참고로 흰머리가 늘어나는 것을 막기 위해서는 식습관이 중요해요. 모낭의 색소 세포가 노화되지 않고 활발히 활동할 수 있도록 과일, 채소 등을 자주 먹어야 하지요.

더 알아보기

흰머리 뽑은 자리 관찰하기

준비물 돋보기, 흰머리가 난 사람

❶ 흰머리 난 사람의 특정할 수 있는 부분(예를 들어 귀 바로 옆 또는 정수리)을 찾아 사진을 찍어요.
❷ 흰머리를 뽑아요.
❸ 며칠 뒤, 흰머리를 뽑은 자리를 찾아내서 검은 머리가 자랐는지, 흰머리가 자랐는지 관찰해요.

6학년 1학기 식물의 구조와 기능

바나나는 왜 씨앗이 없을까요?

바나나는 씨앗이 없어서 먹기 편해요. 그런데 정말로 바나나는 씨앗이 없을까요? 씨가 없다면 어떻게 번식을 할까요?

원래 바나나는 씨가 많은 과일이에요. 야생에 있는 여러 종류의 바나나들은 씨가 크고 단단해서 먹을 부분이 별로 없어요. 그래서 옛날 사람들은 열매가 아니라 뿌리를 먹기 위해 바나나를 길렀지요.

그렇다면 우리가 먹는 바나나는 왜 씨앗이 없을까요? 사실 우리가 먹는 바나나는 돌연변이 바나나예요. 씨가 없는 품종이 나타나자, 사람들이 이 바나나를 대량으로 번식시켜서 수확한 것이지요. 씨가 없는데 어떻게 번식하냐고요? 바나나 뿌리를 잘라서 다른

바나나 나무

곳에 옮겨 심기만 하면 돼요. 그러면 옮겨 심은 뿌리에서 다시 바나나가 자라지요. 이처럼 생식기관이 아닌 식물의 일부가 그대로 자라서 다음 세대를 잇는 생식 방법을 '영양 생식'이라고 해요. 즉, 유전적으로 동일한 개체가 늘어나는 것이지요. 마치 복사한 것처럼 말이에요.

1950년대까지 사람들이 먹던 바나나는 그로 미셸이라는 품종이었어요. 하지만 바나나에게 치명적인 파나마 병이라는 전염병이 돌면서 거의 사라지고 말았어요. 만약 야생의 바나나처럼 씨앗으로 번식했다면 유전자가 다양해서 파나마 병을 견딜 수 있는 개체가 살아남았겠지만 유전자가 모두 동일한 까닭에 전염병을 견디지 못하고 사라졌어요.

현재 우리가 먹는 바나나는 캐번디시라는 품종이에요. 이 바나나는 예전에 유행했던 파나마 병을 이겨냈지만, 변형된 파나마 병을 견디지는 못한다고 해요. 최근 변종 파나마 병이 퍼지면서, 우리가 먹는 캐번디시 바나나도 사라질 위기에 처했어요. 만약 우리가 이 병을 막지 못한다면 앞으로 우리는 씨 없는 바나나를 먹을 수 없을 거예요.

더 알아보기

바나나 배주 관찰하기

준비물 돋보기, 바나나, 칼

① 바나나 껍질을 깐 뒤, 가운데 부분을 칼로 잘라요.
② 바나나 가운데 부분에 있는 검은 점들을 따로 채취해요.
③ 돋보기로 검은 점들을 관찰해요.

☑ 이 검은 점들은 바나나 씨앗이 아니라 씨앗이 될 배주입니다. 하지만 우리가 시중에서 먹는 바나나의 배주는 퇴화되었기 때문에 씨앗이 될 수 없어요.

6학년 1학기 식물의 구조와 기능

음악을 들려 주면 춤추는 식물이 있다고요?

 세상에는 스스로 움직일 수 있는 신기한 식물이 많아요. 혹시 미모사라는 식물을 알고 있나요? 이 식물은 손으로 건드리면 잎과 줄기를 접어요. 밤이 되면 잎을 오므리고 아래로 축 늘어뜨려서 시든 것처럼 보이게 하지요. 자귀나무는 밤이 되면 스스로 잎을 오므려서 접었다가 아침이 되면 다시 펼치지요. 파리지옥은 평상시에 잎을 벌리고 있다가, 곤충이 안쪽을 건드리면 잎을 확 닫아서 잡아먹기도 해요. 야자나무의 일종인 워킹팜은 햇빛이 나는 곳으로 뿌리를 내리고, 그늘진 곳의 뿌리는 말려 죽이는 방법으로 천천히 몸통을 이동해요. 이 방법으로 1년에 4~20cm나 움직일 수 있지요.
 그런데 혹시 음악을 들려 주면 움직이는 식물도 있다는 것을 알고 있나요? 바로 '춤추는 풀'이라는 뜻을 가진 무초라는 식물이에요. 주로 중국 남부와 동남아시아, 인도 등 열대 아시아에서 자라지요. 무초는 큰 잎과 작은 잎이 있어요. 아침이 되면 큰 잎을 활짝 펼쳤다가, 밤이 되면 접어요. 작은 잎은 빛, 진동, 접촉, 소리 등에 반응하며 움직여요. 특히 25~30℃의 온도와 70%의 습도가 유지될 때, 여성과 어린이 목소리에 더욱 민감하게 움직인다고 해요.

무초는 식물이라서 근육이 없는데 어떻게 움직이는 걸까요? 사실 무초가 왜 잎을 움직이는 건지, 어떤 원리로 움직일 수 있는 건지 그 이유를 아직 정확하게 파악하지 못했어요. 과학자들의 주장에 따르면 무초의 작은 잎 아랫부분에는 팽압을 이용할 수 있는 세포와 수분이 많아서 동물의 관절처럼 움직일 수 있는 거라고 해요. 팽압이란 세포 안의 세포벽이 원래 상태를 유지하기 위해 세포 내부에서 세포벽을 미는 힘을 뜻한답니다.

워킹팜

무초

파리지옥

더 알아보기

미모사 관찰하기

준비물 미모사, 스마트폰

❶ 화원이나 식물원에 가서 미모사의 잎을 관찰해요.
❷ 잎을 손으로 건드려서, 잎과 줄기가 움직이는 것을 관찰해요.
❸ 시간이 지난 뒤, 다시 원래 상태로 돌아가는 모습을 관찰해요.

✅ 미모사는 한자어로 감응초라고 해요. '어떤 자극을 느끼면 반응하는 풀'이라는 뜻이에요. 또 함수초라고도 하는데, '부끄러움을 머금은 풀'이라는 뜻이에요.

고양이나 개도 혈액형이 있을까요?

건강한 사람의 혈액을 환자의 혈관 내에 주입하는 것을 수혈이라고 해요. 수혈할 때는 피를 주는 사람과 받는 사람이 어떤 혈액형인지 반드시 확인해야 해요. 만약 다른 혈액형의 피를 주입했을 경우, 피가 굳어버리며 문제가 생길 수 있기 때문이지요.

혈액형은 보통 적혈구 표면에 있는 항원으로 구분할 수 있어요. 적혈구에 A라는 항원이 있으면 A형, B라는 항원이 있으면 B형, A항원과 B항원 둘 다 있으면 AB형, 항원이 없으면 O형이지요. 사람들이 수혈을 위해 혈액형을 ABO식으로 분류했을 뿐, 사실 혈액형을 분류하는 방법은 수백 가지가 넘어요.

그렇다면 동물도 사람처럼 혈액형을 구분할 수 있을까요? 네, 가능해요. 원숭이도 사람처럼 A형, B형, AB형, O형 혈액형을 갖고 있어요. 하지만 고릴라는 B형만 있고, 침팬지는 A형과 O형만 갖고 있어요.

개는 현재 발견된 혈액형만 하더라도 13가지가 넘지만, 보통 9개로만 구분하지요. 개 혈액형은 DEA로 표시하는데 DEA 1.1, DEA 1.2, DEA 1.3, DEA 3, DEA 4, DEA 5, DEA 6, DEA 7, DEA 8로 나눌 수 있어요. 이 중에 DEA 1.1 혈액형을 가진 강아지가 가장 많아요. 참고로 개의 종류에 따라서 하나의 항원만 갖는 게 아니라, 다양한 항원을 가질 수 있어요. 그래서 혈액형이 두 개가 될 수도 있지요.

고양이 혈액형은 어떨까요? 고양이 혈액형은 A형, B형, AB형 이렇게 3가지로 나눌 수 있어요. 그런데 고양이는 무려 90%가 A형이에요. 즉, 거리에서 보는 대부분의 고양이 혈액형이 A형이라는 뜻이지요.

이 외에도 말은 8가지, 양은 10가지, 소는 12가지, 돼지는 15가지 혈액형이 있다고 해요. 동물들에게도 다양한 혈액형이 있는 것이지요.

더 알아보기

혈액형 판정하기

준비물 혈액형 검사 키트

1. 알코올솜으로 손가락을 소독해요.
2. 랜싯을 이용하여 소독한 부위를 찔러 피를 내요.
3. 혈액형 판정 슬라이드 양쪽에 피를 한 방울씩 떨어뜨려요.
4. 스포이트로 항A혈청을 한쪽에 떨어뜨리고, 다른 한쪽에 항B혈청을 떨어뜨려요.
5. 혈액과 혈청이 잘 섞이도록 슬라이드를 조심히 흔들어요.

☑ 응집이 항A혈청에서 일어나면 A형, 항B혈청에서 일어나면 B형, 양쪽에서 일어나면 AB형, 양쪽 모두 응집 반응이 없으면 O형이에요.

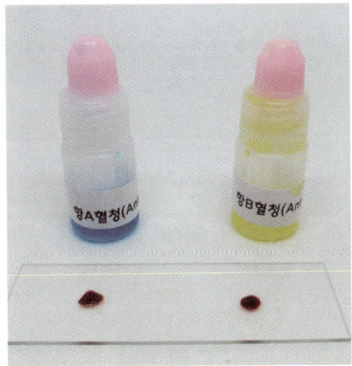 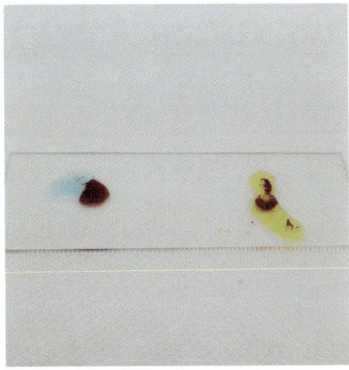

6학년 2학기 우리 몸의 구조와 기능

어른은 어린이보다 뼈 개수가 많을까요?

우리는 온종일 몸을 움직여요. 학교에 갈 때도, 밥을 먹을 때도, 운동할 때도 움직이지요. 우리가 이렇게 다양한 자세로 움직일 수 있는 이유는 뼈와 근육 덕분이에요. 뼈는 몸의 형태를 만들고 몸을 지지하는 역할을 해요. 내부에 있는 장기들을 보호하기도 하지요. 근육은 뼈에 붙어서 몸을 움직일 수 있도록 도와줘요.

어른은 어린이보다 몸이 커요. 그렇다면 어른이 뼈 개수가 더 많을까요, 아니면 같을까요?

어른의 뼈 개수는 206개에요. 반면 어린이는 뼈 개수가 300개가 넘지요. 심지어 신생아는 뼈가 약 400개나 있어요. 즉, 어른보다 어린이의 뼈 개수가 많아요. 왜 그런 걸까요?

어린이는 자라면서 몸이 점점 커져요. 만약 태어날 때부터 뼈가 단단하면 몸이 크게 성장하기 어렵겠지요. 그래서 어렸을 때는 뼈가 연

약하다가 성장하면서 단단해져요. 어른으로 크는 과정에서 뼈와 뼈 사이에 있던 연골이나 인대 등이 사라지지요. 그리고 여러 개의 뼈가 하나로 합쳐지면서 더 튼튼한 뼈가 돼요. 여러 개의 뼈가 합쳐지니 어른이 되면 당연히 뼈의 수가 줄어들겠지요.

참고로 우리 몸에서 가장 큰 뼈는 대퇴골이라는 허벅지 뼈예요. 무릎과 엉덩이를 이어 주는 곳이지요. 가장 작은 뼈는 귓속에 있는 등자뼈에요. 그 크기는 2~3mm 정도인데 쌀 한 톨보다 작지요. 이렇게 뼈의 크기는 다양해요.

그렇다면 우리 몸에서 가장 뼈가 많은 부위는 어디일까요? 바로 손이에요. 한쪽 손에 약 27개의 뼈가 있지요. 그만큼 움직임을 세밀하게 조절할 수 있는 관절이 많다는 뜻이에요.

더 알아보기

뼈 물렁물렁하게 만들기

준비물 닭 뼈, 식초, 종이컵

1. 치킨을 먹고 남은 닭 뼈를 발라내요.
2. 뼈의 생김새를 관찰하고, 단단한 촉감을 확인해요.
3. 종이컵에 식초를 붓고, 닭 뼈를 넣어요.
4. 3일 뒤, 닭 뼈가 어떻게 변했는지 만지며 관찰해요.

✓ 뼈에는 칼슘, 인 같은 무기질이 포함되어 있는데 산성 액체에 담그면 무기질이 녹아서 뼈가 물렁물렁해져요.

지구과학

- 나무가 돌이 될 수도 있을까요?
- 산에서도 소금이 나온다고요?
- 화산 분화구에 쓰레기를 처리하면 안 될까요?
- 물에 뜨는 돌도 있을까요?
- 우주는 어떤 냄새가 날까요?
- 우주에서는 용변을 어떻게 볼까요?
- 화성에서도 살아남을 수 있는 생물이 있을까요?
- 우주에서 생활하면 우리 몸은 어떻게 변할까요?

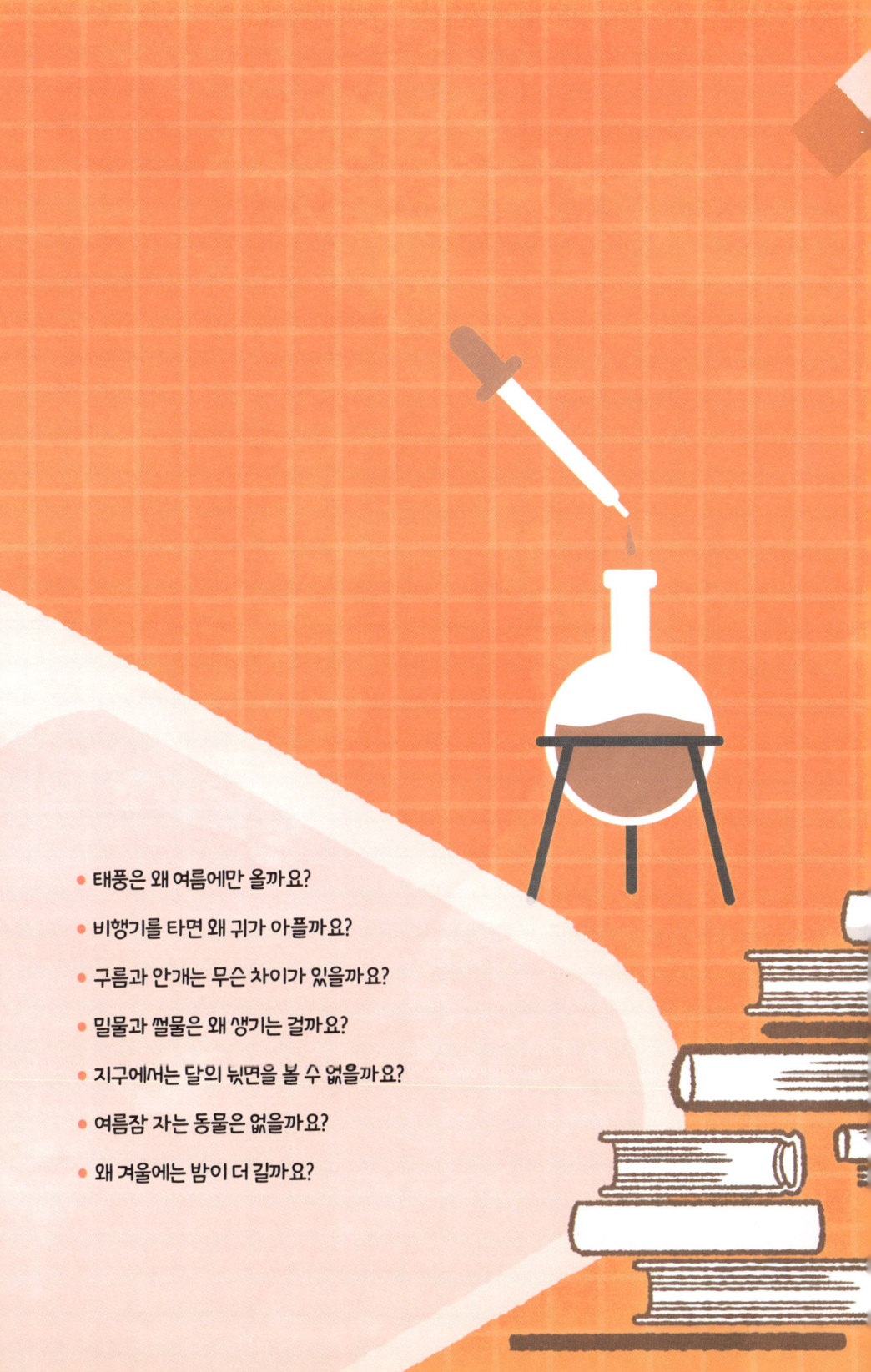

- 태풍은 왜 여름에만 올까요?
- 비행기를 타면 왜 귀가 아플까요?
- 구름과 안개는 무슨 차이가 있을까요?
- 밀물과 썰물은 왜 생기는 걸까요?
- 지구에서는 달의 뒷면을 볼 수 없을까요?
- 여름잠 자는 동물은 없을까요?
- 왜 겨울에는 밤이 더 길까요?

3학년 1학기 지구의 모습

나무가 돌이 될 수도 있을까요?

박물관이나 정원에 갔다가 나무처럼 생긴 돌을 한 번쯤은 본 적이 있을 거예요. 분명 나무처럼 생겼는데 만지면 돌처럼 단단하지요. 그렇다면 돌이 우연히 나무를 닮게 만들어진 걸까요, 아니면 나무가 돌이 된 걸까요? 그 이유를 알기 위해 화석이 만들어지는 원리를 살펴봅시다.

1. 생물이 죽고 바닥에 가라앉거나, 발자국 같은 흔적을 남겨요.
2. 바람이나 물에 의해 운반된 퇴적물이 생물의 사체나 생물이 남긴 흔적 위에 급작스럽게 쌓여요.
3. 퇴적물이 그 위로 계속 쌓여 오랜 시간이 지나면 지층이 만들어지고 화석이 돼요.
4. 풍화나 침식 작용으로 지층이 드러나면 화석이 지층 위로 드러나요.

암모나이트 화석

우리가 화석을 생물의 뼈나 단단한 부분이 남은 것이라고 착각하기 쉽지만, 사실 천 년 정도만 지나면 그런 부분은 삭아서 사라져요. 우리가 화석이라고 부르는 것은 생물의 단단한 부분이나 흔적으로 남은 자리에 광물이 대신 스며들면서 돌로 변한 거예요.

대부분의 나무는 죽거나 땅속에 묻히면 박테리아와 미생물이 갉아 먹어서 결국 사라지고 말지요. 그런데 간혹 나무가 갯벌, 늪지대, 진흙처럼 습한 흙 속에 급작스럽게 묻히는 경우가 있어요. 또는 화산 근처에서 화산재나 모래에 갑자기 덮이는 일이 종종 일어나지요. 이런 현상이 빠른 속도로 일어나면 박테리아나 미생물이 활동할 시간이 부족해서 나무가 썩지 않아요. 땅속에는 이산화규소 같은 광물이 녹아 있는 지하수가 있어요. 이 물이 땅속에 묻힌 나무에 스며들기 시작하면 원래의 나무 성분이 점점 없어지기 시작해요. 결국 죽은 나무는 본래의 모습을 유지한 채 돌이 되는 거예요. 사람들은 이를 규화석(나무화석)이라고 부르지요.

겉으로 보기에는 평범한 나무처럼 생겼어요. 하지만 실제로 만져 보면 돌처럼 단단하고 잘 부서지지 않는다는 것을 알 수 있지요. 예전 모습을 그대로 유지하고 있어 과학자들이 고대의 식물을 연구할 때 무척 유용하게 사용하고 있어요.

규화석

더 알아보기

화석 모형 만들기

준비물 알지네이트, 찰흙, 조개껍데기, 종이컵, 나무 스틱

❶ 찰흙에 화석으로 만들고 싶은 조개껍데기를 찍어 움푹 파이도록 만들어요.
❷ 알지네이트와 물을 1:1 비율로 잘 섞어요.
❸ 완성된 알지네이트 반죽을 찰흙의 움푹 파인 부분에 부어요.
❹ 알지네이트가 굳을 때까지 3분 정도 기다린 후에 조심히 분리해요.
❺ 만들어진 화석 모형을 관찰해요.

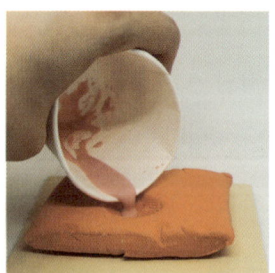

4학년 1학기 지층과 화석

산에서도 소금이 나온다고요?

　우리는 보통 바다에서 소금을 얻어요. 바닷물을 염전에 모아 놓은 뒤, 햇볕에 물을 증발시키면 소금이 남지요. 사람들은 그것을 채취해서 불순물을 거르고 사용해요. 이렇게 소금 얻는 방법을 천일제염법이라고 해요.

　바닷물은 왜 짤까요? 빗물, 지하수, 강물은 더 낮은 곳을 향해 흐르면서 암석에 있는 물질들을 녹여 내요. 그 물질이 섞이면서 소금기가 생기는데, 물이 최종적으로 모이는 곳이 바다이므로 바닷물이 짠 거예요. 이뿐만 아니라 바닷속에서 일어나는 화산 폭발 때문에 짠 물질이 생기는 경우도 있어요. 화산이 폭발하면 많은 물질이 분화구에서 뿜어져 나와요. 이 물질들이 서로 반응하면서 소금기가 생기는 거지요. 결국, 바다는 여러 가지 이유로 짠 성분을 항상 유지할 수 있는 거예요.

판 구조론에 따르면 지형을 이루던 판과 판이 서로 충돌하면서 산이나 골짜기가 형성된 거라고 해요. 아주 먼 옛날에 바다였던 지층이 서로 충돌하면 산처럼 솟아오르기도 하고, 육지가 되기도 하지요. 과거에 바다였던 지층에 물이 마르고 나면 소금만 남는 거예요. 따라서 이곳에서 흐르는 물은 굉장히 짜요. 흙 속에 소금기가 많이 녹아 있기 때문이지요. 사람들은 이 물을 모아 증발시켜서 소금을 얻어요. 그래서 산에서도 소금을 채취할 수 있지요.

대표적인 장소로 히말라야 산을 들 수 있어요. 이곳은 소금이 날 뿐만 아니라 조개 화석이 발견되기도 해요. 남아메리카 볼리비아의 우유니 소금 사막, 독일의 소금 광산도 다 같은 원리로 만들어졌답니다.

우유니 소금 사막

더 알아보기

소금 결정 얻기

준비물 컵, 따뜻한 물, 소금, 털끈(모루), 실, 막대

① 컵에 따뜻한 물을 넣고 소금을 녹여서 소금물을 만들어요.
② 털끈 한쪽은 막대에 묶고, 다른 한쪽은 하트 모양을 만들어요.
③ 막대를 컵 입구에 걸쳐 놓아서 털끈이 물에 잠기도록 해요.
④ 컵을 햇볕이 잘 들어오는 곳에 놓고 일주일이 지난 후, 모형에 일어난 변화를 관찰해요.

☑ 햇볕에 물이 증발하면서 물속에 녹아 있던 소금이 털끈에 붙어 소금 결정이 됩니다.

4학년 2학기 화산과 지진

화산 분화구에
쓰레기를 처리하면 안 될까요?

　우리가 버리는 쓰레기들은 어떻게 되는 걸까요? 보통 땅속에 묻거나 불에 태워서 처리해요. 땅속에 묻는 방법은 돈이 적게 들지만, 냄새도 나고 주변 환경을 오염시키는 문제가 있어요. 게다가 넓은 땅이 필요해요. 불에 태우는 방법은 돈이 많이 들고 쓰레기가 불에 타면서 몸에 나쁜 성분이 나오는 문제가 있어요.

　그렇다면 쓰레기를 화산 분화구에 넣으면 어떨까요? 이런 상상은 한 번쯤 해봤을 거예요. 용암이 쓰레기를 다 녹인다면 앞으로 쓰레기 처리는 걱정 없지 않을까요? 하지만 이런 방법은 현실적으로 불가능해요. 그 이유는 다음과 같아요.

　첫째, 무척 위험해요. 지구에 존재하는 대부분의 화산 분화구에서는 용암이 끓고 있지 않아요. 그냥 물이 고여 있거나, 바위틈에서 연기만 날 뿐이지요. 금방이라도 터질 수 있는 활화산에서만 용암을 볼 수 있어요. 쓰레기를 처리하기 위해 언제 터질지 모르는 화산 근처에 다가가면 위험하겠지요? 만약 운이 좋아서 용암 근처로 다가갔다 하더라도 유기물을 버리면 수분이 순간적으로 기체로 변하면서 폭발해요. 만약 수분이 없는 플라스틱을 버린다고 해도 유독가스가 발생해요. 그러면 그 근처에 있는 사람들은 호흡 장애를 겪고, 식물은 죽을 거예요.

둘째, 비용이 많이 들어요. 전 세계에 있는 수천 개의 화산 중에서 용암이 호수처럼 있는 곳은 현재 약 8곳 밖에 없어요. 그곳으로 쓰레기를 가져간다면 운반 비용이 많이 나올 거예요. 분화구까지 쓰레기를 가져가는 것보다 그냥 땅에 묻는 것이 훨씬 저렴하다는 말이지요.

따라서 사람들은 기존 방식으로 쓰레기를 처리할 수밖에 없어요. 그러니 아껴 쓰기, 분리수거를 통한 재활용 등을 통해 최대한 쓰레기를 줄이려고 노력해야 해요.

아이슬란드의 화산

더 알아보기

인공 화산 만들기

준비물 플라스틱 컵, 식초, 베이킹 소다

❶ 플라스틱 컵에 식초를 부어요.
❷ 플라스틱 컵 주변을 휴지로 감싸 화산 모양을 만들어요.
❸ 식초가 담긴 플라스틱 컵에 베이킹 소다 1숟가락을 넣어요.
❹ 식초가 화산처럼 넘쳐흐르는 것을 관찰해요.

☑ 식초는 산성이고, 베이킹 소다는 알칼리성이라서 둘이 만나면 폭발 반응을 일으켜요.

4학년 2학기 화산과 지진

물에 뜨는 돌도 있을까요?

　우리가 볼 수 있는 일반적인 돌은 무거워서 물 위에 놓으면 가라앉아요. 하지만 물 위에 둥둥 뜨는 돌도 있어요. 바로 부석이에요.

　화산이 폭발할 때 나오는 분출물 중에는 구멍이 뚫린 돌이 많아요. 이 중 지름이 4mm 이상인 돌을 부석이라고 해요. 그런데 왜 구멍이 많이 뚫린 돌이 생기는 걸까요?

　지하 깊은 곳에서 큰 압력을 받던 마그마가 지표면 밖으로 분출되는 순간, 마그마가 받는 압력은 낮아져요. 그래서 내부에 녹아 있던 기체가 순식간에 바깥으로 빠져나가요. 또한 상대적으로 낮은 온도에 노출되면서 기체가 빠져나간 구멍과 거품이 채 사라지기도 전에 순식간에 굳어버리지요. 이런 현상 때문에 구멍이 많이 뚫린 부석이 만들어지는 거예요. 같은 부피를 차지하더라도 내부가 꽉 찬 돌보다는, 공기 구멍 때문에 내부가 빈 돌이 아무래도 더 가볍겠지요?

부석 　　　　　　　　　　　테이테피코 비에호 화산

　부석을 수면에 올려놓으면, 표면 장력 때문에 돌 구멍 속에 있던 공기가 빠져나가지 못해요. 그러면 수많은 공기 구멍이 튜브의 공기 주머니 역할을 하면서 둥둥 떠오를 수 있는 거지요.

　마찬가지로 화산에서 만들어지는 현무암도 표면에 구멍이 많아요. 용암이 분출할 때 마그마 속에 있던 휘발성 가스가 빠져나가면서 구멍이 생긴 것이지요. 하지만 현무암은 부석과 다르게 물 위에 뜨지 않아요. 공기 구멍이 충분히 많지 않기 때문이에요. 만약 구멍이 더 많이 뚫렸더라면 물에 뜰 수 있었겠지요.

　참고로 부석은 목욕할 때 발바닥 각질을 제거할 때 쓰거나, 천연 냉동고를 만들 때 사용하기도 해요.

더 알아보기

클립을 물 위에 뜨게 하기

준비물 휴지, 수조, 클립

① 수조에 물을 채우고, 클립을 넣어요. 그리고 물속으로 가라앉는 것을 관찰해요.
② 이번에는 휴지 위에 클립을 놓고 물 위에 살짝 내려놓아요.
③ 밑에서 휴지를 빼고 클립이 물 위에 떠 있는 것을 관찰해요.

☑ 클립을 휴지 위에 올려놓으면 클립 가운데 부분에 공기가 들어가고, 살그머니 휴지를 빼면 가운데 부분의 공기가 빠져나가지 못해요. 이것이 튜브의 공기 주머니 역할을 해서 물 위에 뜰 수 있는 거예요.

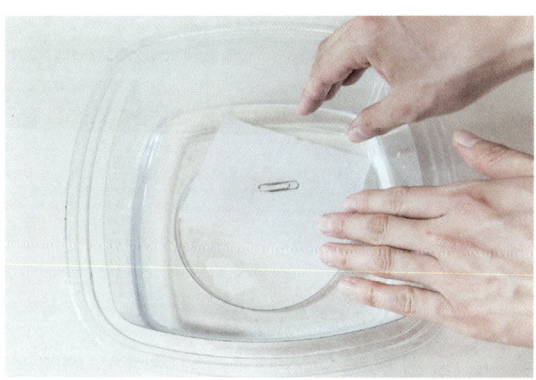

5학년 1학기 태양계와 별

우주는 어떤 냄새가 날까요?

 우주에서는 어떤 냄새가 날까요? 우리는 우주의 냄새를 직접 맡을 수 없어요. 진공 상태에서는 냄새를 맡지 못할 뿐만 아니라, 우주복을 벗고 코를 내미는 순간 죽기 때문이지요.

 그러면 우주의 냄새는 알 수 없는 걸까요? 우주의 냄새를 직접 맡아볼 수는 없지만, 추측할 수 있는 방법이 있어요. 바로 우주에 있던 물건의 냄새를 맡는 방법이지요. 실제로 국제 우주 정거장에 다녀온 우주 비행사들이 지구에 도착했을 때, 과학자들이 우주복에 밴 냄새를 맡았어요. 어떤 냄새가 났을까요? 스테이크 굽는 냄새가 났다고 해요.

 왜 스테이크 굽는 냄새가 났을까요? 별도 사람처럼 태어났다가 죽어요. 죽음을 앞둔 별들은 급격히 타면서 '다환 방향족 탄화수소'라는 물질을 방출하지요. 이 물질이 바로 스테이크 타는 냄새와 비슷해요.

그렇다면 행성의 냄새는 어떻게 추측할 수 있을까요? 행성의 대기를 이루는 기체는 냄새가 나는 성분을 포함하고 있어요. 그래서 그 성분을 연구하면 행성의 냄새를 유추할 수 있지요.

화성 탐사선

우선, 수성은 대기가 별로 없어서 냄새를 추측하기 힘들어요. 다만 달에 다녀온 우주 비행사들이 달에서 강한 화약 냄새가 났다고 했는데, 수성도 이와 비슷한 냄새가 날 것으로 예상하고 있어요.

금성과 화성 대기에는 황화수소가 많이 있어요. 이 물질에서는 달걀 썩은 냄새가 나지요. 참고로 천왕성의 대기는 금성과 화성보다 더 많은 황화수소를 포함하고 있어요. 그래서 이 행성들은 비슷한 냄새가 날 것이라고 추측하고 있지요.

목성은 각 대기층마다 서로 다른 화합 물질로 이루어져 있어요. 그래서 어느 곳에 있느냐에 따라 냄새가 다를 거예요. 예를 들어 시안화수소가 많이 있는 층은 고소하고 쌉쌀한 아몬드 냄새가 나겠지요.

목성

반면에 다른 층은 화장실 냄새와 비슷한 암모니아 냄새가, 또 다른 층은 천왕성처럼 달걀 썩는 냄새가 날 거예요.

토성과 해왕성은 냄새가 나지 않는 수소와 헬륨이 대부분이어서, 별다른 냄새가 나지 않을 거예요. 참고로 토성의 위성인 타이탄 대기에는 벤젠이 포함되어 있어요. 벤젠은 휘발유 향이 섞인 달콤한 냄새가 난답니다.

더 알아보기

냄새 맞히기

준비물 식초, 물, 참기름, 종이

❶ 똑같은 크기로 자른 종이 3장을 준비해요.
❷ 각각의 종이에 식초, 물, 참기름을 한두 방울 떨어뜨려요.
❸ 종이를 섞은 뒤, 냄새를 맡으며 어떤 물질을 떨어뜨렸는지 맞혀요.

5학년 1학기 태양계와 별

우주에서는 용변을 어떻게 볼까요?

밤하늘을 바라보면 아름다운 별빛이 보여요. 별들은 태양처럼 빛나는 항성이라는 것을 알 수 있지요. 우주 비행사들은 태양계와 별, 그리고 우주에 대해 연구하기 위해 지구 바깥에서 많은 시간을 보내요. 우주는 무중력 공간이에요. 그래서 몸이 붕 뜨지요. 만약 우주선에서 별다른 장치 없이 볼일을 보면 똥과 오줌이 둥둥 떠다닐 거예요. 그러면 우주 비행사들은 어떻게 용변을 볼까요?

1961년 미국이 우주 비행사 앨런 셰퍼드를 우주에 보냈어요. 그때 앨런이 탄 우주선은 단 한 사람만 탈 수 있을 만큼 작았고, 예정된 우주 비행 시간도 15분 정도여서 화장실은 없었지요. 그런데 기계 문제로 출발이 4시간이나 미뤄진 거예요. 앨런이 오줌이 마렵다고 관제 센터에 알렸지만 그대로 있으라는 명령을 받았어요. 결국 앨런은 오줌을 참지 못하고 우주복에 싸고 말았지요. 나중에 우주선이 발사될 때가 되어서야 속옷 바지가 말랐다고 해요.

이후 우주에서 용변을 해결하기 위한 방법이 개발되었어요. 소변은 깔때기처럼 생긴 소변기에 배설 기관을 끼워 넣고 처리해야 했어요. 대변은 용변 주머니를 엉덩이에 테이프로 붙여서 틈이 없게 만든 뒤, 처리했지요. 혹시라도 대변이 주머니 밖으로 빠져나오면 손으로 집어서 도로 넣었어요. 비위생적이고 단순한 방법이었지요.

그 후 시간이 더 흐르고 나서야 제대로 된 우주 화장실이 개발되었어요. 화장실을 이용하기 위해서 우주 비행사는 몸이 쉽게 떠다니지 않도록 고정 장치에 몸을 묶어야 했지요. 그러고 나서 진공청소기의 원리를 이용한 진공 흡입 장치로 대변과 소변을 빨아들였어요. 초기에는 완성도가 낮아서 변기를 사용할 때마다 볼일 보는 사람 외에도 다른 한 사람이 와서 매뉴얼에 따라 기계를 작동시켜야 했어요. 용변을 보는데 다른 사람이 옆에 있어야 했다니 얼마나 민망했을까요? 다행히도 지금은 혼자서도 용변을 볼 수 있도록 과학 기술이 많이 발전했어요.

그런데 만약 우주 비행사가 우주선 안에 있지 않고, 밖에서 활동하다가 소변이 마렵다면 어떻게 해야 할까요? 이때는 그냥 우주복 안에 소변을 보기도 해요. 왜냐하면 우주복 안에 기저귀가 장착되어 있기 때문이지요. 만약 대변이 마렵다면 어떻게 해야 하냐고요? 어쩔 수 없이 서둘러 우주선으로 돌아가야겠지요.

더 알아보기

간접 무중력 체험하기

준비물 드라이기, 탁구공

① 드라이기의 바람 나오는 부분이 위쪽을 향하도록 해요.
② 드라이기를 작동시킨 뒤, 바람 나오는 부분에 탁구공을 살짝 올려놓아요.
③ 탁구공이 아래로 떨어지지 않는 것을 관찰해요.

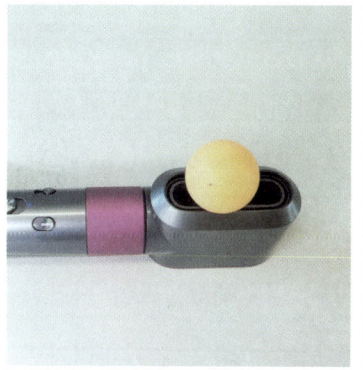
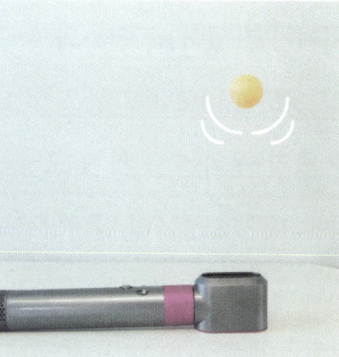

5학년 1학기 태양계와 별

화성에서도 살아남을 수 있는 생물이 있을까요?

태양계의 행성 중 네 번째 위치한 화성은 지구처럼 계절의 변화가 뚜렷해요. 만약 이곳에 지구의 생물을 가져다 놓으면 살아남을 수 있을까요?

화성의 대기는 희박해요. 중력이 약하므로 공기도 별로 없지요. 게다가 얼마 없는 이 공기마저도 이산화탄소가 약 95%, 질소가 약 3%를 차지하고 있어요. 산소와 수증기는 무척 적지요. 화성의 표면 온도는 약 영하 140도에서 상온 20도 사이에요. 햇빛이 들어오는 곳과 햇빛을 받지 못하는 곳의 일교차가 커요. 평균 온도가 약 영하 80도인 화성에 지구의 생물이 살아남을 수 있을까요?

생물이 살기 위해서는 산소와 물이 필요해요. 또한 적당한 온도가 유지되어야 하지요. 아마 화성처럼 영하 140도까지 내려가면 대부분의 동물은 얼어 죽고 말 거예요. 하지만 이런 극한 상황에서도 살아남을 수 있는 동물이 있어요. 어떤 동물일까요?

바로 물곰이에요. 물곰은 크기가 1mm도 되지 않는 작은 동물이지요. 다리가 4쌍 달려 있으며 발끝에는 4~8개의 발톱이 있어요. 이 생물은 물, 공기, 식량이 없어도 30년 이상을 버틸 수 있다고 해요. 또한 영하 272도의 저온에서도, 영상 150도의 고온에서도 살아남을 수 있어요. 보통 동물에게 치명적인 방사선보다 1000배 강력한 방사선에 노출되어도 죽지 않아요.

물기가 없고, 살기 나쁜 환경이 되면 물곰은 몸을 둥글게 만들어요. 크기를 8분의 1까지 줄이고, 겉을 단단하게 만들지요. 그리고 움직이지도, 숨을 쉬지도 않아요. 거의 죽은 것처럼 지내다가 나중에 물기를 느끼면 몇 시간 만에 원래대로 돌아가지요.

아마 지금 당장 물곰을 화성에 가져다 놓는다면 활동하지 않는 상태로 몇십 년은 버틸 수 있을 거예요. 하지만 결국 물이 없다면 화성에서 번식하며 계속 살아갈 수는 없겠지요.

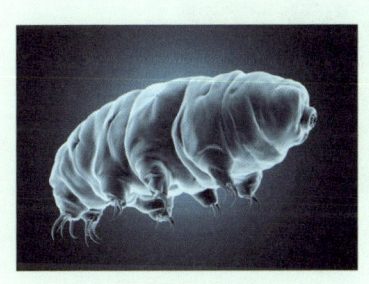

지구상 가장 위대한 생명체

이름	물곰
크기	1mm
인내력	★★★★★ ← 물,공기, 식량 없이도 생존!
방어력	★★★★★ ← 방사선 노출에도 강력!
공격력	미확인

더 알아보기

햇빛을 찾아가는 식물

준비물 화분에 있는 식물

① 작은 화분에 식물을 준비한 뒤, 한쪽 방향에서만 햇빛이 들어오는 장소에 화분을 놓아요.
② 한 달 뒤, 식물의 줄기가 어느 방향으로 휘어져 있는지 관찰해요.
③ 휘어진 방향을 화분에 표시한 뒤, 이번에는 정반대 방향으로 햇빛을 향하게 두어요.
④ 식물의 줄기가 어느 방향으로 바뀌었는지 관찰해요.

5학년 1학기 태양계와 별

우주에서 생활하면 우리 몸은 어떻게 변할까요?

우주 공간은 물, 공기가 없을 뿐만 아니라 중력도 없어요. 지구와는 완전히 다른 환경을 갖고 있지요. 만약 이런 우주 공간에서 사람이 오랜 시간 동안 생활한다면 몸에 어떤 변화가 있을까요?

현재 지구를 중심으로 돌고 있는 국제 우주 정거장 안에는 몇몇 사람들이 과학 실험을 하면서 생활하고 있어요. 무중력을 활용한 실험, 우주에서 날아오는 전파 등 다양한 것을 연구하기 위해 머물고 있지요. 이 사람들은 우주 정거장에 간 뒤에 몸이 어떻게 되었을까요?

첫째, 얼굴이 부어서 동글동글해졌어요. 게다가 볼도 붉어졌지요. 우리가 지구에 있을 때는 보통 서거나 앉아 있는 시간이 많아요. 그러다 보니 심장에서 피를 내보내면 머리가 있는 위쪽보다는 다리나 발이 있는 아래쪽의 혈압이 높은 상황이 많지요. 우리 몸은 그 상황에 적응해 있어요. 그런데 무중력 상태가 되면 머리 쪽과 다리 쪽 모두 같은 혈압을 받아요. 지구에 있었을 때보다 피가 위쪽으로 많이 쏠리니까 얼굴이 붓는 거예요. 반면에 다리는 얇아져요.

둘째, 키가 커져요. 지구에서 받던 중력을 우주 공간에서는 거의 느낄 수 없어요. 그러다 보니 일어서 있더라도 아래로 당기는 힘이 없어서 뼈와 뼈 사이를 이어주는 연골이 늘어나요. 그래서 키도 자연스럽게 커지는 거예요. 사람마다 차이는 나겠지만 평균적으로 5cm 정도 커진다고 해요. 키가 커졌다고 너무 좋아하지는 마세요. 지구로 돌아오면 다시 중력의 영향을 받아 원래의 키로 돌아가니까요.

셋째, 근육이 줄어들어요. 중력이 없으니까 몸을 움직일 때 큰 힘을 들이지 않아도 되지요. 별도로 운동하지 않고 생활한다면, 우리 몸은 이런 상황에 금세 적응해요. 활동량이 줄어들면 뼈 속 칼슘이 줄어들고 근력도 약해지지요. 그래서 우주 비행사들은 지구에 돌아왔을 때를 대비해 무조건 운동해야 해요.

이 외에도 낮과 밤에 대한 변화를 느끼지 못해서 생기는 호르몬 변화, 평형 기관이 무중력에 적응하는 동안 멀미를 느끼는 현상 등 다양한 변화를 겪게 돼요.

더 알아보기

중력을 이기고 거꾸로 올라가는 바퀴

준비물 일회용 접시 2장, 우드록, 테이프, 가위, 칼, 자

① 우드록으로 넓적한 이등변 삼각기둥을 만들어요. 직각으로 세워 놓았을 때 밑면이 되는 부분을 높게, 꼭짓점이 되는 부분을 낮게 경사지게 만들어요.

② 일회용 접시를 1/4 조각 잘라낸 뒤, 양쪽을 말아 붙여요. 이렇게 원뿔 2개를 만들어요.

③ 두 개의 원뿔을 맞대어 붙여 바퀴를 만들어요.

④ 경사진 우드록의 낮은 부분에 바퀴를 놓고, 양쪽을 툭 쳐서 거꾸로 올라가는 것을 관찰해요.

5학년 2학기 날씨와 우리 생활

태풍은 왜 여름에만 올까요?

극지방은 태양열을 적게 받아 춥고 건조해요. 하지만 적도 지역은 태양열을 많이 받아서 온도가 높고 습해요. 적도 지역은 여름이 되면 해수면의 온도가 올라가서 26도를 넘어서요. 그렇게 되면 대기가 수증기를 공급받게 되지요.

이 상태에서 만약 기압이 주변보다 약한 곳이 생기면 주변에 있는 공기가 몰려들어요. 공기가 모이다 보면 위로 올라가는 상승 기류가 강해지고, 바다로부터 많은 수증기가 공급되면서 수직으로 큰 구름이 생기지요. 이 구름을 '적란운'이라고 불러요.

수증기가 물방울로 바뀌면서 구름이 되는 건데, 이 과정에서 열을 방출해요. 즉, 적란운이 만들어지면서 주변에 열을 많이 방출하게 되는 거예요. 뜨거운 공기는 위쪽으로 올라가면서 물방울이 되고, 열을 발생시켜요. 그러면 또 주변의 공기가 뜨거워지는 거지요. 이런 현상이 반복되면 적란운은 무척 커지면서 소용돌이를 만들어요. 바람의 영향으로 이 소용돌이들이 한곳으로 모여 우리가 아는 태풍이 되는 거예요.

태풍은 해수면의 온도가 높은 곳에서 수증기를 공급받아야 생기는 거니까 겨울이나 육지에서는 생길 수 없어요. 그래서 여름에만 태풍이 생기는 거지요. 태풍이 바다 위에 있을 때는 계속 수증기를 공급받을 수 있어 힘이 커져요. 하지만 육지에 상륙하는 순간부터 수증기를 공급받지 못해 힘이 약해져 결국 사라진답니다.

태풍

더 알아보기

종이 회오리 만들기

준비물 종이, 연필, 가위, 실, 양초, 라이터

※ 위험할 수 있으므로 보호자와 함께 실험하세요.

❶ 종이 가운데에 점을 찍은 뒤, 이것을 중심으로 회오리 모양을 그려요.
❷ 그린 선을 따라 가위로 자르세요. 중간에 끊어지지 않도록 잘라요.
❸ 회오리의 가운데 부분 끝에 구멍을 뚫고, 실을 통과해서 묶어요.
❹ 실을 들어 올린 뒤, 움직임이 있는지 종이 회오리를 관찰해요.
❺ 이번에는 불을 붙인 양초 위로 종이 회오리를 가져가서 종이 회오리가 어떻게 움직이는지 관찰해요.

5학년 2학기 날씨와 우리 생활

비행기를 타면 왜 귀가 아플까요?

　우리는 일상생활을 하면서 공기를 느끼지 못해요. 태어날 때부터 공기가 누르는 힘에 적응해서 살았기 때문이지요. 지금도 공기는 사방에서 우리를 누르고 있어요. 이 힘을 기압이라고 하지요. 우리가 생활하면서 지내는 곳은 1기압이에요. 그런데 높은 곳으로 올라가면 상대적으로 중력이 약해져서 공기가 줄어들어요. 공기가 줄어들면 그만큼 누르는 힘이 약해지겠지요? 그래서 높은 곳으로 갈수록 기압이 낮아져요. 지표면에서 5~6km 정도만 올라가도 지표면에 있던 공기의 절반밖에 남지 않아요. 그래서 에베레스트산에 오르는 사람은 산소호흡기를 가져가지요.

　우리의 귀 안에는 귀인두관이라는 작은 관이 있어요. 이 관은 평소에 침을 삼키거나 하품할 때 열려요. 이것이 열리면 바깥과 기압이 같아져요. 그런데 초고속 엘리베이터를 타고 갑자기 고층으로 가거나,

비행기를 타고 순식간에 하늘로 올라가면 귀인두관이 갑자기 달라진 기압에 적응하지 못해요. 바깥쪽의 기압이 관 속의 기압보다 상대적으로 낮은 상태가 되면, 관이 부풀어 오르게 되지요. 이때 고막이 바깥으로 밀리면서 우리는 먹먹함을 느끼는 거예요.

그러면 이 먹먹함을 없애기 위해서는 어떻게 해야 할까요? 침을 삼키거나 하품해서 귀인두관이 열리도록 하면 돼요. 그러면 먹먹했던 것이 사라질 거예요. 애초에 엘리베이터가 천천히 이동하거나, 비행기가 조금씩 상승했다면 귀가 바깥 기압에 적응해서 먹먹하지 않아요. 하지만 현실적으로 그렇게 할 수 없으니 껌을 씹거나, 물을 마시면서 귀인두관이 열리도록 한다면 귀가 아픈 것을 어느 정도 예방할 수 있지요.

더 알아보기

귀의 먹먹함 없애기

준비물 엘리베이터

❶ 30층이 넘는 고층 아파트의 엘리베이터를 1층에서 타요.
❷ 꼭대기 층을 눌러요.
❸ 엘리베이터가 올라가면서 귀가 먹먹하거나 아프면 침을 삼키거나 하품을 해 봐요.

5학년 2학기 | 날씨와 우리 생활

구름과 안개는 무슨 차이가 있을까요?

구름과 안개

구름은 공기 중의 수증기가 응결되어서 작은 물방울이나 얼음 결정 형태로 공중에 떠 있는 것을 뜻해요. 안개도 비슷한 원리로 만들어지지요. 그렇다면 구름과 안개는 같은 걸까요?

구름이 만들어지는 과정을 살펴봅시다. 지표면은 태양 빛을 받으면 뜨거워져요. 그러면 공기도 자연스레 뜨거워지지요. 뜨거운 공기는 가볍고, 차가운 공기는 무거워서 열을 받은 공기는 자연스레 위로 올라가게 돼요. 위로 올라갈수록 중력의 영향이 적어져서 주변에 공기가 줄어들어요. 그만큼 기압이 낮아지므로 위로 올라간 공기는 부피가 점점 커지고 온도가 낮아지지요. 그러면 공기 중에 있던 수증기가 열을 빼앗기면서 액체로 변해요. 즉, 수증기가 응결하면서 작은 물방울이나 얼음 알갱이가 모인 상태가 되지요. 이것을 구름이라고 해요.

그러면 안개는 어떻게 만들어질까요? 지표면에 있던 따뜻한 공기가 위로 올라가면서 냉각되고, 수증기가 응결하면서 작은 물방울이 되면서 만들어져요. 구름과 같은 방식으로 만들어지지요? 또는 따뜻한 수면에 찬 바람이 불어 수면 근처에 있던 수증기가 냉각되거나, 차가운 수면에 따뜻한 바람이 불어서 따뜻한 공기에 포함되어 있던 수증기가 냉각되면서 만들어져요. 결국 수증기가 응결하면서 만들어진다는 것은 구름과 똑같아요.

구름과 안개는 크게 보았을 때 만들어지는 원리가 똑같은데 어떻게 구별할까요? 사실 구름과 안개는 똑같답니다. 하늘에 떠 있거나 관찰자에게서 멀리 떨어져 있을 때는 구름, 땅 가까이에 있거나 관찰자가 그 안에서 관찰할 때는 안개라고 해요.

참고로, 해가 떠서 온도가 높아지면 안개를 이루고 있던 물방울은 다시 수증기로 변해요. 그래서 날이 맑아지면 안개가 사라지는 거예요.

더 알아보기

구름 만들기

준비물 페트병, 뜨거운 물, 얼음

① 페트병에 뜨거운 물을 넣은 뒤, 뚜껑을 막고 기다려요.
② 페트병 안에 어느 정도 수증기가 차면 뚜껑을 열고, 입구 부분에 얼음을 끼워 두어요.
③ 페트병 안에 구름이 만들어진 것을 관찰해요.

☑ 페트병 안에 있던 수증기가 페트병 입구에 있는 얼음에서 나오는 차가운 공기를 만나서 응결하면서 작은 물방울이 만들어져요.

6학년 1학기 지구와 달의 운동

밀물과 썰물은 왜 생기는 걸까요?

서해안에 가서 갯벌을 본 적이 있나요? 바닷물이 빠졌을 때는 갯벌이 드러났다가 바닷물이 들어오면 다시 출렁이는 물로 가득 차지요. 밀물은 해수면이 높아지면서 바닷물이 육지 쪽으로 들어오는 것을 뜻하고, 썰물은 해수면이 낮아지면서 바닷물이 바다 쪽으로 빠지는 것을 뜻해요. 우리나라 서해안은 특히나 밀물과 썰물 차이가 심하지요. 그런데 밀물과 썰물은 도대체 왜 생기는 걸까요?

썰물 때의 갯벌

물체가 서로를 잡아당기는 힘을 '인력'이라고 해요. 우리는 느끼지 못하겠지만, 태양과 지구는 서로를 끌어당기고 있어요. 서로 잡아당기는데 왜 충돌하지 않느냐고요? 그 이

태양과 지구, 달 사이의 인력과 원심력

유는 지구가 태양을 공전하면서 바깥으로 나가려는 힘도 받고 있기 때문이에요. 태양이 당기는 힘과 지구가 회전하면서 바깥으로 나가려는 힘이 균형을 이루고 있어서 서로 충돌하지 않는 거지요.

달과 지구 사이도 마찬가지예요. 지구와 달은 서로를 당기고 있어요. 다만 지구가 달을 당기는 힘과 달이 공전하면서 바깥으로 나가려는 힘이 균형을 이루고 있으므로, 달이 추락하거나 바깥으로 튕겨 나가는 일이 없는 거지요.

태양과 달은 이렇게 지구를 끊임없이 당기고 있어요. 암석으로 이루어진 육지를 이동시킬 정도의 힘은 아니지만, 바닷물을 끌어당길 정도의 힘은 되지요. 그래서 태양과 달의 위치에 따라 바닷물이 끌려가면서 밀물과 썰물이 발생하는 거예요. 어떻게 이런 일이 일어나는지 자세히 살펴볼까요?

달은 태양보다 크기가 더 작지만, 지구와 가까이 있으니까 바닷물을 당기는 힘이 더 세요. 그래서 달이 있는 쪽으로 바닷물이 끌려 오면서 밀물이 나타나는 거예요. 달이 있는 곳의 정반대 쪽은 달이 당기는 힘을 가장 적게 받는 대신, 지구가 회전하면서 바깥으로 나가려는 힘의 영향을 많이 받아요. 그래서 달이 있는 곳의 정반대 편에도 밀물이 나타나지요. 바닷물이 양쪽으로 몰려들면, 자연스럽게 다른 부분은 썰물 현상이 일어나는 거예요. 달과 태양이 같은 방향으로 일직선상에 있는 순간에는 지구를 당기는 힘이 엄청 커져요. 밀물일 때 해수면이 가장 높아지고, 썰물일 때 해수면이 가장 낮은 상태가 되지요.

더 알아보기

밀물과 썰물 만들기

준비물 수조, 종이컵, 테이프

❶ 종이컵을 절반으로 잘라서 수조의 왼쪽과 오른쪽에 붙여서 육지 모형을 만들어요.
❷ 종이컵의 1/3 정도가 잠기도록 수조에 물을 넣은 후 왼쪽으로 기울였다가, 오른쪽으로 기울이기를 반복해요.
❸ 수조를 기울일 때마다 육지 쪽 물의 수심이 어떻게 변하는지 관찰해요.

6학년 1학기 지구와 달의 운동

지구에서는 달의 뒷면을 볼 수 없을까요?

달의 위상

밤하늘의 달을 본 적이 있나요? 달은 지구를 중심으로 돌고 있어요. 여러 날 동안 달의 위치는 서쪽에서 동쪽으로 날마다 조금씩 옮겨 가면서 그 모양도 조금씩 달라지지요. 그래서 각각의 모양마다 초승달, 상현달, 보름달, 하현달 같은 이름을 붙인 거예요.

그런데 사실 우리는 매일 달의 한쪽 면만 보고 있다는 것을 알고 있나요? 우리가 우주로 나가지 않는 이상 달의 뒷면을 직접 볼 수 없어요. 왜 그럴까요?

그 이유는 달이 스스로 한 바퀴를 도는 자전 주기와 지구를 한 바퀴 도는 공전 주기가 27.3일로 같기 때문이에요. 지구가 도는 만큼 달도 똑같이 돌기 때문에 한쪽 면만 볼 수 있는 거지요. 만약 달이 스스로 도는 속도나 지구를 한 바퀴 도는 속도가 조금이라도 달랐다면, 우리는 달의 뒷면을 볼 수 있었을 거예요.

달의 앞면과 뒷면 ©NASA

'달의 뒷면에 비밀 기지가 있다.', '외계인이 만든 건축물이 있다.'는 등 달의 뒷면과 관련하여 터무니없는 유언비어가 퍼져 있지만, 이는 전혀 사실이 아니에요. 사람들이 눈으로 직접 관측할 수 없어서 이상한 소문이 퍼진 것이지요. 그렇다면 달의 뒷면은 도대체 어떻게 생겼을까요?

달의 앞면에는 '바다'라고 부르는 어둡고 평탄한 지역이 있어요. 과학자들은 달 내부에서 분출한 용암으로 인해 생긴 것으로 추측하고 있는데, 이것 때문에 달이 얼룩져 보이지요. 반면에 달의 뒷면에는 '바다'가 두 곳밖에 없어요. 그래서 얼룩이 별로 없어 보이지요.

지구와 달

왜 이런 차이가 생긴 걸까요? 과학자들의 가설에 의하면 달이 처음 생겼을 때 무척 뜨거웠는데, 앞면은 지구의 복사열을 받아서 늦게 식었고 뒷면은 빨리 식었다고 해요. 그래서 달 뒷면에 두꺼운 지각이 형성되었지요. 이렇게 지각이 두껍다 보니, 달의 뒷면에서는 용암이 분출되지 못했고, 그 결과 달의 앞면과 생김새가 달라진 것이지요.

더 알아보기

달 모형 만들기

준비물 둥그런 접시, 찰흙, 이쑤시개 2개

1. 찰흙으로 지구와 달이 되는 모형을 만들어요.
2. 지구 역할을 하는 찰흙과 달 역할을 하는 찰흙 사이를 이쑤시개로 연결해요.
3. 지구와 달 모형을 둥그런 접시 위에 올려놓고 돌려 보세요. 그리고 지구가 왜 달의 앞면밖에 볼 수 없는지 이해해 보아요.

6학년 2학기 계절의 변화

여름잠 자는 동물은 없을까요?

　봄, 여름, 가을, 겨울. 계절의 변화는 왜 생기는 걸까요? 그 이유는 지구가 자전축이 기울어진 채 태양 주위를 공전하기 때문이에요. 햇볕을 받는 시간이 긴 곳과 짧은 곳의 온도가 달라지면서 계절 변화가 생기지요. 계절이 변화하면 사람들뿐만 아니라 동물들의 생활 모습도 달라져요.

　추운 겨울이 되면 먹이를 구하기 어렵고, 체온도 유지하기 힘들어요. 이런 어려운 환경을 버티기 위해 몇몇 동물들은 겨울잠을 자요. 겨울잠을 자는 대표적인 동물은 뱀, 개구리, 다람쥐, 곰 등이 있어요. 겨울잠에 들어간 동물 대부분은 잠을 자는 동안 먹이를 먹지도 않고, 배변 활동도 하지 않아요.

　그럼 여름잠 자는 동물은 없을까요?

　우리나라에 서식하면서 여름잠을 자는 대표적인 동물로는 달팽이와 까나리가 있어요. 달팽이는 햇볕에 약하기 때문에 건조하거나 더울 때 그늘진 곳을 찾아가요. 적당한 장소를 찾으면, 껍데기 입구에 점액으로 막을 쳐서 몸이 마르지 않도록 한 뒤 잠을 자지요.

까나리라는 물고기는 수온이 15℃ 이상 넘어가는 5~6월이 되면 모래 속에 머리 부분만 들이밀고 수온이 내려가는 9~10월 정도까지 여름잠을 자요.

가만히 있기만 해도 더운 열대 지방이나 아열대 지방에는 여름잠을 자는 동물이 더 많이 있어요. 여우원숭이, 도롱뇽, 악어 등이 여름잠을 자지요. 왜 그런 걸까요? 그 이유는 날씨가 너무 덥고 비가 내리지 않으면 식물이 말라버리기 때문이에요. 식물이 줄어들면 초식 동물은 먹을 것이 없어지고, 자연스럽게 초식 동물 수가 줄어들어요. 육식 동물은 자신이 먹을 초식 동물이 사라지면서 굶어 죽을 수밖에 없어요. 그래서 이런 시기가 오기 전, 이 지역에 사는 몇몇 동물들은 먹이를 잔뜩 먹어 에너지를 보충한 뒤 여름잠을 자요. 그리고 날씨가 덜 더워지면 다시 잠에서 깨서 활동을 시작하지요.

더 알아보기

여름과 겨울의 온도 차이

준비물 검은 색종이 2장

❶ 검은 색종이 두 장을 준비해서, 한 장은 햇볕이 드는 곳에, 다른 검은 색종이 한 장은 그늘진 곳에 10분 동안 둡니다.
❷ 두 종이를 만져 보고 온도 차가 어떤지 탐색해요.

☑ 특히 검은색은 빛을 흡수하는 성질이 있어서 더 빠르게 양달과 응달의 온도 차를 느낄 수 있답니다.

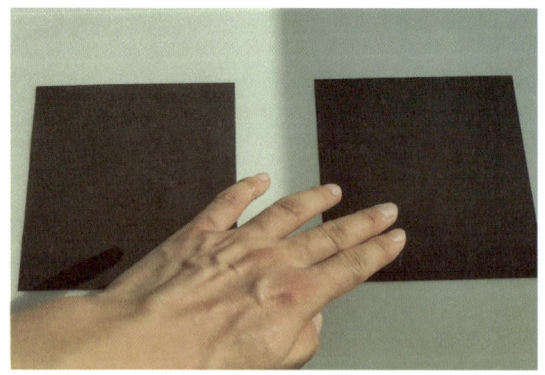

6학년 2학기 계절의 변화

왜 겨울에는 밤이 더 길까요?

똑같은 저녁 6시라도 여름에는 밝고, 겨울에는 컴컴해요. 같은 아침 7시에 일어나더라도 여름일 때는 환하고, 겨울일 때는 어둡지요. 여름에는 낮이 길고, 겨울에는 밤이 길죠. 왜 계절에 따라서 낮과 밤의 길이가 달라지는 걸까요?

지구는 자전과 공전을 해요. 자전은 지구가 매일 한 바퀴 도는 것, 공전은 태양을 중심으로 1년에 한 바퀴씩 도는 것을 말해요. 자전하며 햇빛을 받는 부분은 낮이, 햇빛을 못 받는 부분은 밤이 되는 것이지요. 낮과 밤의 길이가 다른 이유는 지구의 자전축이 23.5° 기울어진 채로 자전과 공전을 하기 때문이에요.

한쪽으로 기울어진 상태에서 둥그런 지구가 태양을 돌면 어떤 부분은 오랜 시간 동안 햇빛을 받고, 어떤 부분은 짧은 시간 동안 햇빛을 받아요. 지구는 적도 기준으로 북반구와 남반구로 나눌 수 있어요. 그런데 지구가 기울어서 북반구가 햇빛에 더 많이 노출된다면, 똑같이 한 바퀴를 도는 동안이더라도 남반구보다 북반구가 햇빛 받는 시간이 더 많아지지요. 햇빛을 받는 시간이 길어지니 지표면의 온도가 올라서 여름이 되는 거예요. 그래서 여름에 낮이 길지요.

반대로 남반구 쪽이 햇빛에 더 많이 노출된 상태로 돌 때를 생각해 볼까요? 그때는 지구가 똑같이 한 바퀴를 도는 동안이더라도 남반구가 북반구보다 햇빛 받는 시간이 더 많아지지요. 그러면 우리나라가 있는 북반구는 이전보다 햇빛에 더 적게 노출되므로 열을 덜 받아 온도가 낮아지고 겨울이 되는 거예요. 그래서 겨울일 때는 낮이 짧고 밤이 더 길답니다.

더 알아보기

계절에 따른 낮과 밤의 길이 차이

준비물 자전축이 기울어진 지구본, 전등, 모형, 테이프

① 지구본에서 우리나라 위치를 찾아 막대 모형을 붙여 고정해요.
② 주위를 어둡게 한 뒤, 책상 위에 전등을 가운데에 놓고 전등 오른쪽에 지구본을 놓아요. 그리고 지구본을 한 바퀴 돌립니다.
③ 지구본을 자전축이 움직이지 않도록 그대로 전등 왼쪽으로 옮깁니다. 그리고 지구본을 한 바퀴 돌립니다.
④ 지구본이 어느 쪽에 있을 때 우리나라 위치에 있는 막대 모형이 빛을 받는 시간이 더 긴지 관찰해요.

교과서는 어렵지만 과학은 재밌어

초 판 발 행	2024년 1월 15일 (인쇄 2023년 12월 13일)
발 행 인	박영일
책 임 편 집	이해욱
저　　　자	김건구, 황현아
편 집 진 행	모은영, 김지운, 권민서, 박유진
표지디자인	김도연
편집디자인	박서희
삽　　　화	전성연
발 행 처	시대인
공 급 처	(주)시대고시기획
출 판 등 록	제 10-1521호
주　　　소	서울시 마포구 큰우물로 75 [도화동 538 성지 B/D] 9F
전　　　화	1600-3600
팩　　　스	02-701-8823
홈 페 이 지	www.sdedu.co.kr
I S B N	979-11-383-6441-6 (73400)
정　　　가	15,000원

※ 이 책은 저작권법의 보호를 받는 저작물이므로 동영상 제작 및 무단전재와 배포를 금합니다.
※ 잘못된 책은 구입하신 서점에서 바꾸어 드립니다.

'시대인'은 종합교육그룹 '(주)시대고시기획·시대교육'의 단행본 브랜드입니다.